Michaela Drosten

Durchstarten an der NÄHMASCHINE

Bibliografische Information der Deutschen Bibliothek.

Die Deutsche Bibliothek verzeichnet diese Publikation in der deutschen Nationalbibliografie.
Detaillierte bibliografische Daten sind im Internet über http://www.d-nb.de/ abrufbar.

EIN BUCH DER EDITION MICHAEL FISCHER

1. Auflage 2014

Covergestaltung: Tim Anadere, Verena Raith
Fotos, ausgenommen Anleitungsfotos: Domenik Broich, Düsseldorf
Lektorat: Katinka Holupirek, München; Ute Wielandt, Baar-Ebenhausen
Layout: Verena Raith

ISBN 978-3-986355-226-8

Printed in Slovakia

www.emf-verlag.de

Michaela Drosten

Durchstarten an der NÄHMASCHINE

Tolle Projekte aus deinem Atelyeah

EMF

EIN BUCH DER
EDITION MICHAEL FISCHER

Inhaltsverzeichnis

Projekte

FÜR DICH

FÜR DEINE FAMILIE

FÜR DEINE FREUNDE

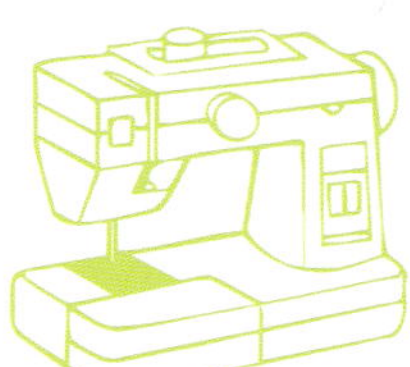

Willkommen!

Tolle Stoffe, stylishe Bänder und ausgefallene Bügelmotive sind die Zutaten für viele spannende Nähprojekte im Atelyeah und in diesem Buch. Schräge Vögel für dein Zimmer, lustiges Spielzeug für deinen Hund, coole Freundschaftsarmbänder oder kuschelige Pulswärmer und vieles, vieles mehr!

Mit ein wenig Geschick fürs Handwerkliche wirst du tolle Sachen für dich oder zum Verschenken nähen. Moment mal, du hast noch nie mit der Nähmaschine genäht? Das macht nichts! Denn mit diesem Buch kannst du gleich einen Nähführerschein machen, den du auf Seite 24 findest. Das geht ganz leicht, wenn du dir die Seiten 14–23 durchliest und die Seiten 7–13 über Werkzeuge und Materialien anguckst.

Damit dir jedes Modell gelingt, sind die Schnittmuster einfach, und die Schritt-für-Schritt-Anleitungen haben viele Fotos. Zudem steht dir das Eichhörnchen vom Atelyeah stets zur Seite. Es gibt dir hilfreiche Tipps und kennt absolut jeden Nähtrick. Außerdem hat es überall Haselnüsse verteilt. Warum? Ganz einfach: An der Anzahl der Nüsse kannst du erkennen, ob das Modell einfach ist oder doch schon für Profis. Je mehr Nüsse, desto schwieriger ist das Projekt

Bei einigen Modellen findest du verschiedene Varianten. So kannst du die Farben und Materialien ganz nach Lust und Laune zusammenstellen. Hast du selbst eine kreative Idee? Mach dein eigenes Ding! Sei dein eigener Designer und zeige es mit deinem Atelyeah-Label!

Jetzt aber los und viel Spaß beim Nähen!

Michaela Drosten

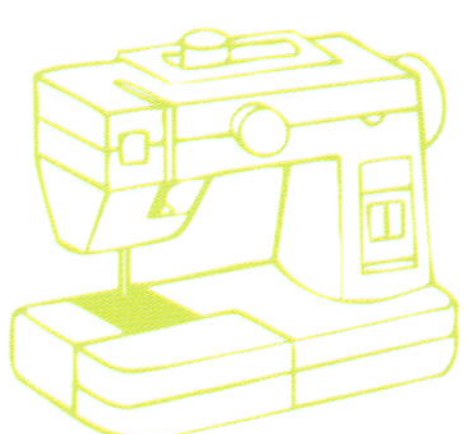

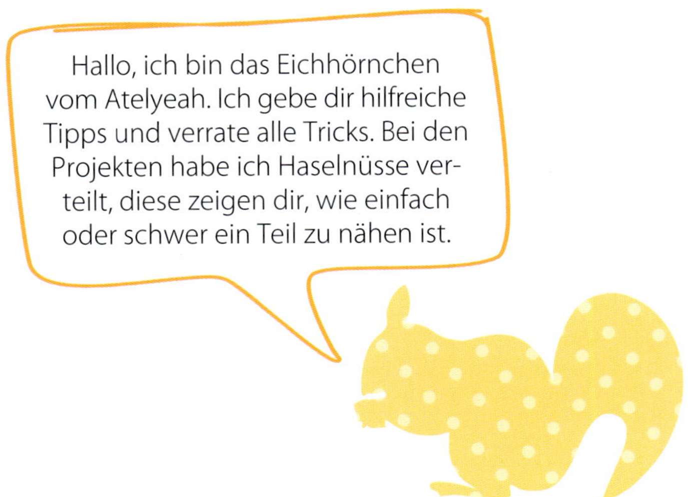

Deine Grundausstattung

Wenn du mit dem Nähen anfangen möchtest, brauchst du dafür ein paar Dinge: Hier wird dir ganz genau erklärt, was und wofür.

WERKZEUGE

Maße

Maßband: Ein Maßband ist super geeignet, wenn du längere Strecken messen möchtest.

Handmaß: Das Handmaß benutzt du für kleinere Abstände. Es ist praktisch, wenn du mal direkt an der Maschine oder beim Bügeln misst.

Geodreieck: Ein großes Geodreieck ist superwichtig. Du brauchst es, um rechte Winkel einzuzeichnen. Es ist außerdem von Vorteil, wenn du lange gerade Linien mit gleichem Abstand zeichnen musst.

Stifte und Marker

Schneiderkreide/Kreidestift: Kreide gibt es als Stift oder am Stück in unterschiedlichen Farben. Am besten besorgst du dir einen Kreidestift in einer helleren Farbe für das Anzeichnen auf dunklen Stoffen.

Bleistift: Für alle anderen Stoffe kannst du prima einen weichen Bleistift verwenden.

Geh mit dem Handmaß nicht zu nah ans Bügeleisen. Sonst verformt es sich oder schmilzt sogar.

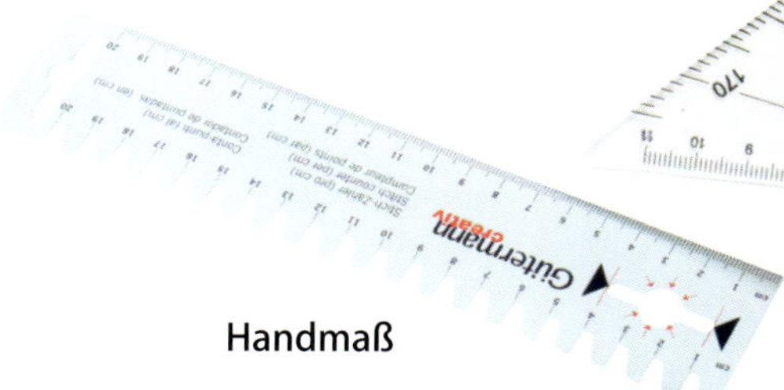

Handmaß

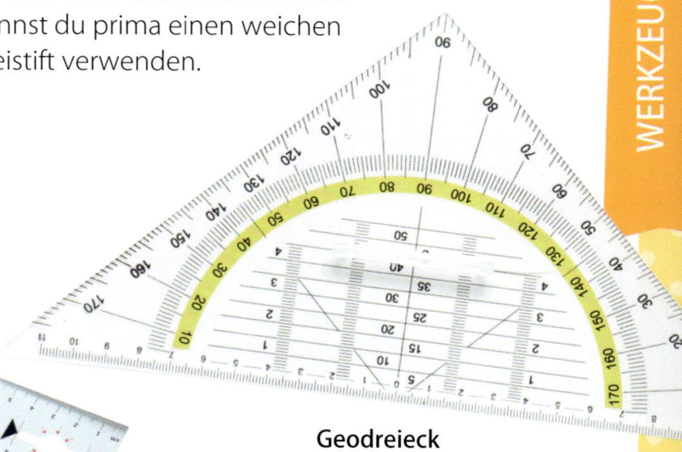

Geodreieck

Kreidestift

Maßband

Schneiderkreide

Scheren

Stoffschere: Das A und O beim Schneiden von Stoffen ist eine gute Schere. Sie sollte nicht zu groß für deine Hand sein, aber lang genug, damit du auch längere Strecken leicht schneiden kannst. Schneide mit ihr ausschließlich Stoffe, nie Papier oder Pappe.

Papierschere: Für Papier brauchst du eine extra Schere.

Kleine Schere: Zu guter Letzt ist eine kleine spitze Schere wichtig. Damit lassen sich am besten Fäden ab- oder Stoffe einschneiden.

Zackenschere: Etwas Besonderes ist die Zackenschere: Sie ist hilfreich beim Zurechtschneiden von Rundungen, beim Verzieren oder auch beim Sichern von Stoffen, Nahtzugaben und Kanten.

Kleine Schere

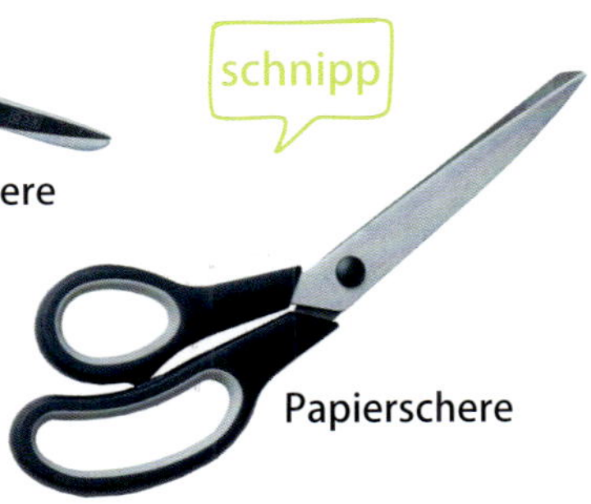

Papierschere

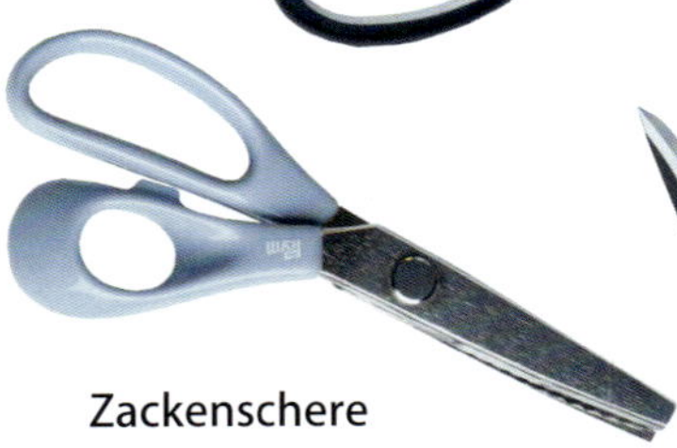
Zackenschere

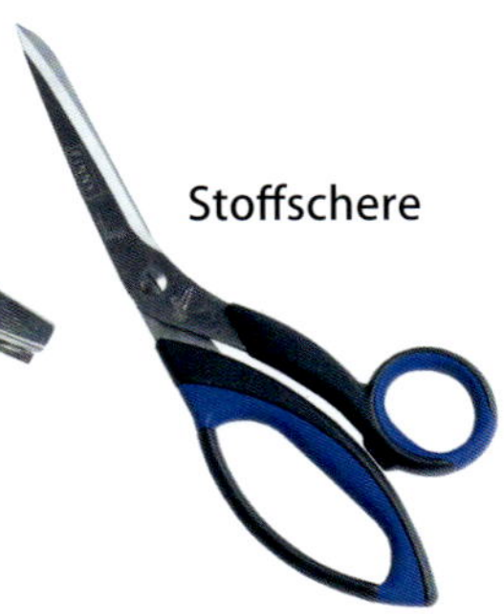
Stoffschere

Nadeln

Sicherheitsnadeln: Um eine Kordel oder ein Gummiband durch einen Tunnel zu ziehen, sind große Sicherheitsnadeln gut geeignet.

Nähnadeln: Du nähst zwar mit deiner Nähmaschine, trotzdem brauchst du zwischendurch Handnähnadeln in verschiedenen Stärken und Größen, zum Beispiel zum Knopfannähen. Prima Stärken sind 7er bis 9er. Für alle Nadeln gilt: Je dicker der Stoff, desto dicker die Nadel. Das gilt auch für die Nähmaschinennadeln.

Stecknadeln: Stecknadeln brauchst du zum Zusammenstecken, damit sich Schnittteile beim Nähen nicht verschieben. Außerdem markierst du damit auch schnell und einfach während des Nähens wichtige Stellen. Gut geeignet sind Stecknadeln ohne Glas- oder Kunststoffköpfchen. Die mit Kunststoff können beim Bügeln schmelzen, die mit Glas brechen und deinen Stoff beschädigen. Wenn du merkst, dass eine Stecknadel verbogen oder stumpf ist, sortiere sie gleich aus: Auch sie könnte deinen Stoff beschädigen.
Damit du deine Stecknadeln sofort griffbereit hast, kannst du dir gleich das schicke Atelyeah-Nadelkissen von Seite 24 nähen.

Nadelset

Nadelkissen

Butterbrot- oder Transparentpapier

Immer, wenn du mit Schnittmustern arbeitest, brauchst du dieses, um die Papierschnitte zu erstellen.

Bügeleisen

Ein normales Dampfbügeleisen (bitte nur unter Aufsicht von Erwachsenen benutzen!) und ein Bügelbrett sollten beim Nähen immer bereitstehen.

Es gibt Materialien, die nicht mit dem Bügeleisen in Kontakt kommen möchten. Lege dir für solche Fälle ein Geschirrtuch zwischen Bügeleisen und Material.

Hey Eichhörnchen, warum hast du so wenige Stecknadel-Stacheln?

Spezialwerkzeuge und Nützliches

Zange für Ösen und Co.: Für das Anbringen von Druckknöpfen, Kam-Snaps, Color-Snaps oder auch Ösen gibt es eine spezielle Zange.

Essstäbchen und Stricknadeln: Zum Ausstopfen mit Füllwatte oder zum Ausformen von genähten Ecken kannst du prima dicke Stricknadeln, Essstäbchen oder die Enden von Holzkochlöffeln benutzen.

Gewichte: Damit die Schnittteile schön auf den Stoffen liegen bleiben, bis du sie festgesteckt hast, lege ein Buch oder stell ein mit Sand oder Reis gefülltes Marmeladenglas darauf.

knack

knirsch

WERKZEUGE

MATERIALIEN

Stoffe

Baumwollstoffe gewebt: Da es bei den Baumwollstoffen so viele herrliche Motive und Muster gibt, ist dieses einfach zu verarbeitende Material in diesem Buch am häufigsten vertreten.

Baumwollstoffe beschichtet: Diese Stoffe sind wasserabweisend und man kann sie gut abwischen. Pass aber auf beim Bügeln, denn sie mögen keine Hitze!

Jerseys, Nickis, Teddy und Co.: Wenn du geübter bist, sind auch die Modelle mit den elastischen Stoffen ganz einfach! Die für die Projekte ausgewählten Baumwollstoffe, Jerseys und Co. sind von Swafing, Lebenskleidung und Westfalenstoffe, weil im Atelyeah auch mit diesen gearbeitet wird. Du kannst aber aussuchen, was du magst, oder einfach verwenden, was du schon zuhause hast.

Fleece und Filz: Du wirst beides hier im Buch wiederfinden. Das Tolle an diesen Materialien: Sie fransen nicht aus und müssen deshalb nicht versäubert werden.

Die für die Projekte ausgewählten Fleece und Filze sind von unseren Stofflieferanten Lebenskleidung und Johanna Daimer.

Jeans: Den hier eingesetzten Jeans-Stoff haben wir im Atelyeah entwickelt – natürlich arbeite ich im Buch mit dem selbst entwickelten Stoff. Aber du kannst auch jeden anderen Jeansstoff nehmen.

Egal, welche Stoffe du verwendest, wasche sie vor dem Nähen, damit sie im Nachhinein nicht mehr einlaufen. Denk dran, dass Stoffe, die aus reiner Wolle sind, nicht so gern heiß baden.

(Vlies)Einlagen und Co.

Klebe(vlies)Einlagen: Es gibt Klebe-Einlagen in verschiedensten Arten und Funktionen. Sie können einen Stoff fester machen, z. B., damit Ösen besseren Halt haben und der Stoff nicht ausreißt. Sie können sehr dick sein, um einem Stoff mehr Volumen und Stand zu geben.
Es gibt auch Einlagen, die nur aus Kleber bestehen und sich wunderbar für das Aufkleben von Filz oder selbst gemachten Applikationen eignen.
Die hier eingesetzten Einlagen haben alle mindestens eine klebende Seite (raue Klebepunkte), die immer auf die linke Seite des Stoffs kommt. Wenn du beim Aufbügeln der Einlage den Herstelleranweisungen folgst, ist es kinderleicht.

Stylefix®: Dieses schmale Klebeband ist total praktisch. Bevor du Borten, Schmuckbänder oder auch Klettband aufnähst, klebe sie vorher mithilfe von Stylefix® nach Herstelleranweisung auf.

Klebeband zum Nähen ist total praktisch.

Nähgarn

Nähgarne gibt es in allen möglichen Qualitäten, Garnstärken und in unendlich vielen Farben. Für die Modelle vom Atelyeah verwenden wir klassische Baumwoll- oder Polyester-Garne. Am besten besorgst du dir diese im Fachhandel. Im Buch ist bei den Materialangaben in den Anleitungen das Garn nicht mit aufgeführt, so kannst du selbst entscheiden, ob du farblich passendes oder lieber ein Garn in einer Kontrastfarbe einsetzen möchtest.

Achte beim Garn darauf, dass es waschbar ist.

Füllmaterial

Füllwatte: Sie wird zum Ausstopfen der schrägen Vögel, Kissen und des Hundeknochens benutzt. Je nach Verwendung stopfst du die Hülle mal mehr, mal weniger fest aus.

Füllstoff: Füllstoff, wie z. B. Styroporkügelchen, wird ähnlich eingesetzt wie Füllwatte. Du wirst ihn für das Lesekissen benötigen.

Verschlüsse

Klettband: Dieser Verschluß wird in verschiedenen Farben und Breiten angeboten. Er besteht aus zwei unterschiedlichen Streifen, die aneinander haften. Damit er gut auf dem Stoff hält, wird er meistens mit einem Zickzackstich aufgenäht.

Druckknöpfe: Der klassische Druckknopf ist aus Metall. Es gibt aber auch welche aus anderem Material. Druckknöpfe sind in vielen unterschiedlichen Größen erhältlich. Um die Knöpfe richtig anzubringen, gibt es eine spezielle Zange. Du kannst aber auch einen Hammer verwenden. Folge am besten der Anweisung des Herstellers.

Kam-Snaps: Sie sind ähnlich wie Druckknöpfe, nur aus Kunststoff, und sie mögen deshalb keine Hitze. Sie werden in vielen Farben angeboten und werden am einfachsten mit einer speziellen Zange angebracht.

Ösen und Kordeln: Um z.B. einen Beutel zuzuziehen, läuft die Kordel durch die Ösen und gleitet so besser. Beim Turnbeutel auf Seite 46 und 50 gibt es neben Ösen auch noch einen Tunnelzug, durch den die Kordel läuft.

Knöpfe: Sie sind etwas Herrliches, darum sind sie nicht nur zum Schließen, sondern auch als Deko super geeignet – und sie sind ganz schnell angenäht!

Reißverschluss: Reißverschlüsse für Taschen und kleine Mäppchen gibt es in unzähligen Größen, Materialien, Farben und Aufmachungen. Sie werden mit einem speziellen Nähmaschinenfuß festgenäht. Den musst du dafür an deiner Nähmaschine einsetzen. Für das Buch habe ich Druckknöpfe, Kam-Snaps, Borten, Bänder und Karabiner von Veno verwendet. Farbenmix verkauft auch tolle Bänder und Borten.

Lass dir bei Druckknöpfen, Kam-Snaps und Ösen von einem Erwachsenen helfen. Probier das Anbringen am besten vorher einmal an einem alten Stück Stoff aus.

Druckknöpfe und Spulen

Borten und Bänder

Mit Borten und Bändern kannst du viele Sachen richtig aufpimpen. Auch in diesem Buch werden bei den Modellen viele verschiedene Variationen eingesetzt. Je nach Art werden Borten und Bänder unterschiedlich ein-, auf- oder angenäht.

Wunderbare Bändervielfalt!

Bügelmotive und Schmuck

Bügelmotive: Aktuell sind Bügelbilder aus Velours mit einer samtigen Oberfläche der Renner. Wenn du beim Aufbügeln den Herstelleranweisungen folgst, ist es kinderleicht. Die für die Projekte ausgewählten Bügelmotive sind von PeppAuf.

Karabiner: Diese kleinen Schnapphaken werden mithilfe einer Stoffschlaufe angenäht. Beim Dreieckstuch (auf Seite 109) findest du Karabiner, die in Ösen gehakt werden.

Webetiketten: Das Atelyeah-Label ist einmalig und nur für dich gestaltet worden. Wenn du es in deine Modelle einsetzt, kann gleich jeder sehen, dass du sie selbst genäht hast. Es ist ein Faltetikett und kann so prima in eine Naht mit eingenäht werden. Damit es beim Nähen mit der Maschine nicht verrutscht, kannst du es vorher feststecken und mit der Maschine annähen.

Lege beim Aufbügeln der Motive am besten ein Geschirrtuch zwischen Motiv und Bügeleisen.

Yeah!

Bügelmotive

Karabiner

Webetiketten und Labels

STOFF VORBEREITEN

Wo ist beim Stoff eigentlich oben? Und wie schneidet man ihn richtig aus? Alles das und mehr erfährst du hier.

Stoffseiten

Jeder Stoff hat eine Vorder- und eine Rückseite. Die Vorderseite ist die, die später außen zu sehen ist. Sie wird auch die schöne oder rechte Seite genannt. Die Rückseite eines Stoffs ist bei einem fertigen Teil später innen oder nicht sichtbar. Sie wird auch linke Seite genannt. Bei manchen Stoffen sind die beiden Seiten kaum oder gar nicht zu unterscheiden. Was tut man dann? In der Regel wird der Stoff im Laden mit der rechten Seite präsentiert. Falls die Seiten also schwer zu unterscheiden sind, mal dir mit Kreise ein ganz kleines Kreuz in eine Ecke auf deinen Stoff oder dein Schnittteil.

Die schöne, hier rote Seite ist die rechte.

Webkante

Die Webkante ist die Begrenzung des Stoffs. Du kannst sie leicht erkennen, denn sie ist bei bedruckten Stoffen z. B. einfach weiß, beschrieben oder gelocht. Achte darauf, dass du die Webkante nicht mit- verwendest, denn sie verhält sich anders als der Rest des Stoffs. Schneide sie einfach ab!

Auf dieser Webkante sind Symbole.

Rechts auf rechts

Legst du einen oder zwei Stoffe rechts auf rechts, liegen die „schönen" Seiten innen aufeinander. Du siehst dann die Rückseiten oder auch linken Seiten der Stoffe. Du wirst häufig rechts auf rechts nähen und das Teil danach wenden. Pass also gut auf, dass du rechte und linke Stoffseite nicht verwechselst.

Wenn man rechts auf rechts legt, guckt man auf die linken Stoffseiten.

Stoffbruch

Faltest du einen Stoff rechts auf rechts aufeinander, entsteht an einer Seite eine Falte, die man Stoffbruch nennt. Schneider sagen „in den Bruch legen“. Viele Papierschnitte werden direkt an den Stoffbruch angelegt und der Stoff dann zweilagig zugeschnitten. Der Stoffbruch wird dabei nicht durchgeschnitten! Wenn man den Stoff danach auffaltet, ist das Schnittteil doppelt so groß.

Der Stoff liegt doppelt, das Schnitteil wird dann aufgeklappt.

Fadenlauf

Der Fadenlauf (FDL) zeigt, in welche Richtung die Fäden deines Stoffs laufen. Wenn du dir den Stoff genau ansiehst, erkennst du ganz dünne Linien, die senkrecht oder parallel zur Webkante verlaufen. Die parallel verlaufenden Fäden bilden in der Regel den Fadenlauf. Wenn du die einzelnen Schnittteile zuschneidest, ist es wichtig, auf den Fadenlauf zu achten. Rechteckige Schnittteile liegen parallel (also gerade) zum Fadenlauf. In den übrigen Schnittteilen ist ein langer Pfeil eingezeichnet, an den FDL steht. Beim Auflegen des Papierschnitts muss der Pfeil parallel zum Fadenlauf liegen. Manchmal ist der Fadenlauf in den Schnittteilen identisch mit dem Stoffbruch. Dann liegt der Pfeil auf der gefalteten Stoffkante.

Der Fadenlauf (FDL) ist auf dem Papierschnitt eingezeichnet.

Stoff bügeln

Damit der Stoff schön glatt ist, wird er vor dem Zuschneiden einmal im Ganzen gebügelt. Auch während des Nähens werden z. B. die Nähte auseinander gebügelt. Dafür legst du das Teil mit der Naht nach oben aufs Bügelbrett. Drücke die beiden Nahtzugaben etwas auseinander und bügel sie flach.

Zuschneiden

Schnittmusterbogen, Schnittmuster, Papierschnitt und Schnittteile

Auf dem beigefügten Schnittmusterbogen findest du Schnittmuster für einige Modelle. Du kannst sie leicht zuordnen, denn sie sind farblich markiert und es steht drauf, welches Modell es ist. Die übrigen Schnittmuster sind direkt bei den Anleitungen mit cm-Angaben zu finden. Sie sind meistens rechteckig und lassen sich total leicht mit dem Geodreieck auf den Stoff zeichnen. Alle Schnittmuster sind in Originalgröße und beinhalten eine Nahtzugabe von 1 cm (soweit nicht anders angegeben).

Schnittmuster kopieren

In der Anleitung steht unter den Materialangaben ein Hinweis zu den Schnittmustern. So kannst du die richtigen Teile ganz leicht auf dem Schnittbogen finden. Um ein Schnittteil zu kopieren, legst du Butterbrotpapier oder Transparentpapier auf das Schnittmuster. Nimm den weichen Bleistift und zeichne alles (Linien und Markierungen) nach. Schneide den Papierschnitt mit der Papierschere aus. Damit du später noch weißt, wozu der Papierschnitt gehört, schreibe den Projektnamen darauf.

Schnittmuster auf den Stoff übertragen

Bevor du den Papierschnitt auf den Stoff legst, schau, ob das Schnittteil mehrfach oder sogar im Stoffbruch zugeschnitten wird.
Bei mehreren Schnittteilen legst du die Stoffe rechts auf rechts aufeinander. Wird ein Schnittteil im Stoffbruch zugeschnitten, legst du den Papierschnitt an der dafür markierten Kante auf. Achte dabei auf den Fadenlauf. Beschwere das Schnittteil mit einem Gewicht, damit er beim Feststecken nicht verrutscht. Dann steckst du das Papier am Rand entlang mit Stecknadeln fest. Nimm Bleistift oder Kreide und zeichne die äußere Kante des Papierschnitts nach. Vergiss nicht, auch die Markierungen zu übertragen, wenn es welche gibt.

Schnittteile zuschneiden

Nimm den Papierschnitt vom Stoff. Hast du mehrere Stoffe übereinander liegen, stecke die Stecknadeln wieder in die gleiche Position wie vorher beim Papierschnitt. Jetzt schneide alles sorgfältig aus. Halte dabei die Schere und den Stoff auf dem Tisch, dann geht das Schneiden viel leichter.

Achte bei gemusterten Stoffen darauf, wie die Papierschnitte auf dem Stoff liegen – nicht, dass das Motiv plötzlich auf dem Kopf steht!

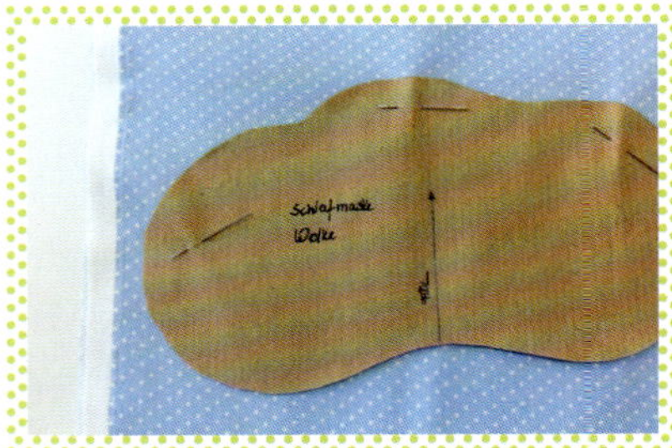

Das Schnittteil wird festgesteckt.

Die Kanten und Markierungen werden auf den Stoff übertragen.

Die Schere wird beim Ausschneiden auf dem Tisch gehalten.

Schnittteile vorbereiten

Nahtzugaben und Nähte

Nähte: Damit du weißt, wo du später nähen musst, zeichne dir entlang der Kante deiner Schnittteile eine Nahtlinie ein. Wenn nicht anders angegeben, hat die Naht 1 cm Abstand zur Kante. Halte beim Nähen den angegebenen Abstand zur Kante ein, dann halten deine Nähte gut.

Nahtzugaben: Den Abstand zwischen der genähten Naht und der Kante ist die Nahtzugabe. Du brauchst an jeder Kante, die du zusammennähen möchtest, eine Nahtzugabe (NZG). Würdest du ohne Nahtzugaben arbeiten, wäre dein fertiges Teil viel kleiner, als du es eigentlich haben möchtest. Bei unseren Schnittmustern brauchst du dir aber gar keine Gedanken um die Nahtzugaben zu machen. Das Eichhörnchen war so nett, die Nahtzugaben gleich zu jedem Schnittmuster hinzuzufügen. So hast du viel weniger Arbeit!
Bei vielen Stoffen oder Modellen ist es besser, entlang der Kanten der Nahtzugaben mit einem Zickzackstich zu nähen, damit sie nicht ausfransen. Das nennt man versäubern.

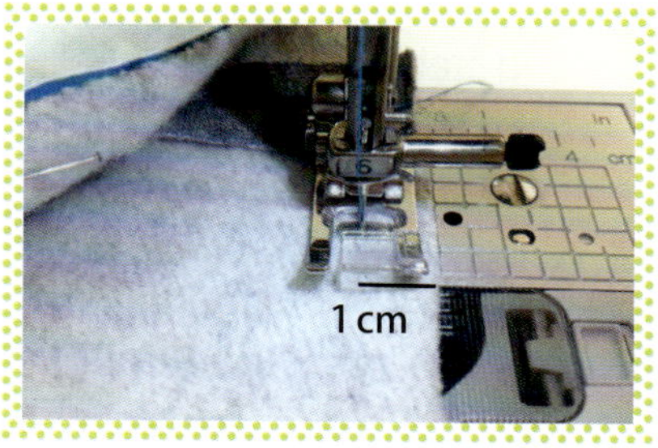

Zwischen der Naht und der Stoffkante ist 1 cm Abstand.

Die Kante ist mit Zickzackstich versäubert.

Stecken oder Heften

Vor dem Zusammennähen von Schnittteilen stecke die Teile immer an der vorgesehenen Naht zusammen. Man kann dazu auch heften sagen. Es ist sinnvoll, die Stecknadeln immer entlang der Linie in den Stoff zu stecken, die du später nähst. Sobald das Nähmaschinen-Füßchen eine Stecknadel berührt, ziehst du sie heraus. Niemals über Nadeln nähen, sonst besteht Unfallgefahr!
Damit du am Ende nicht nur das witzige Atelyeah-Nadelkissen, sondern auch alle Projekte aus dem Atelyeah nachnähen kannst, kommen hier wichtige Vorbereitungen und Übungen. Blätter gleich mal auf die nächste Seite um!

Die Nadeln sind entlang der Linie gesteckt, die du später nähst.

Vermeide es, über Nadeln zu nähen, damit du nicht aus Versehen eine triffst und sie zerspringt. So schonst du die Nadeln, die Nähmaschinen-Nadel, die Nähmaschine und auch den Stoff.

DIE NÄHMASCHINE

Jede Nähmaschine ist ein bisschen anders, aber die wichtigen Sachen sind alle gleich!

Mit diesem Knopf kannst du rückwärts nähen bzw. **verriegeln**.

Hier fehlt noch das Nähgarn, genauer: der **Oberfaden**!

Stichlänge und **Stichbreite** kannst du hier einstellen.

An der Seite ist das **Handrad**. Wenn du drehst, kannst du ganz langsam nähen.

Hier hinten befindet sich der Hebel, mit dem du das **Nähmaschinen-Füßchen** anhebst.

Klappe auf, **Spule** mit dem **Unterfaden** rein!

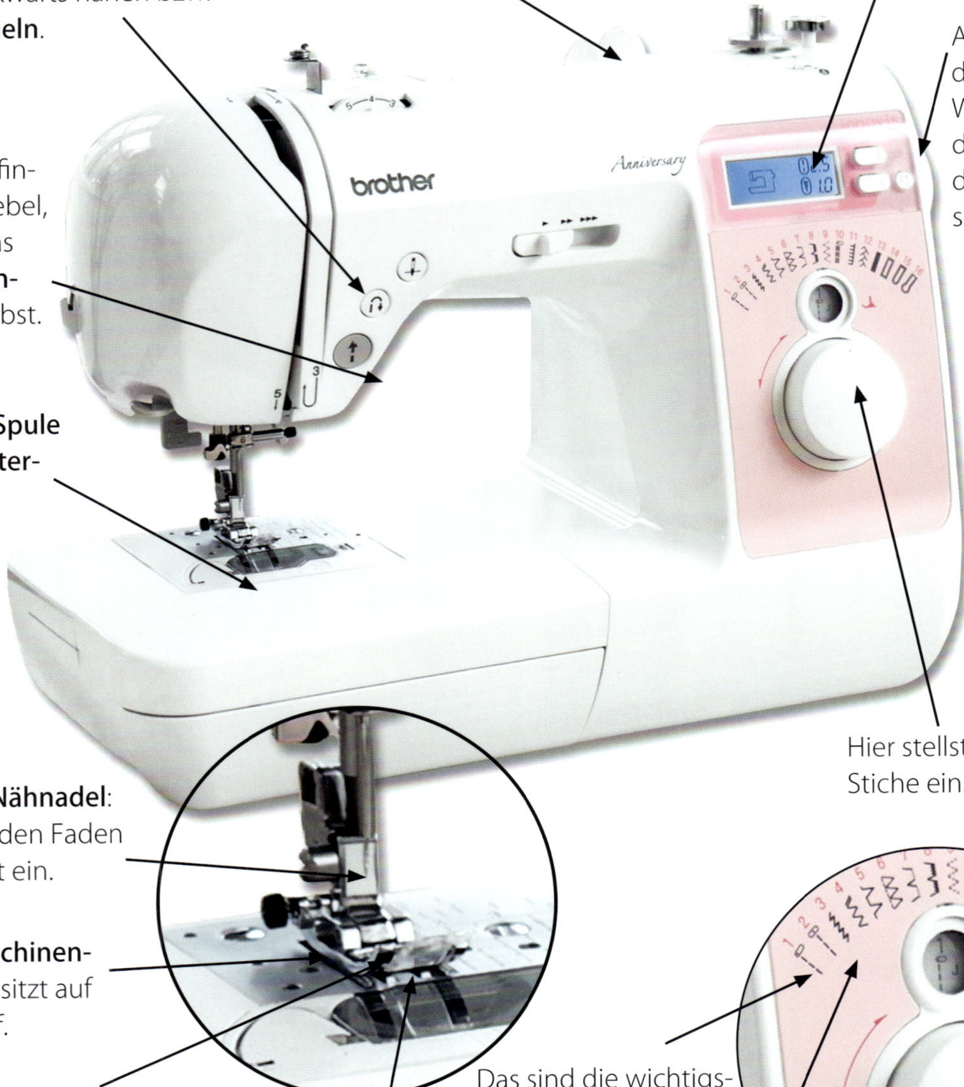

Hier kommt das Stromkabel und das Kabel mit dem Pedal dran.

Hier stellst du die Stiche ein.

Da ist die **Nähnadel**: du fädelst den Faden hier zuletzt ein.

Das **Nähmaschinen-Füßchen**: es sitzt auf den Stoff auf.

Der **Stofftransport:** er sorgt dafür, dass der Stoff weitergeschoben wird.

Hier zieht es den Stoff hinein.

Das sind die wichtigsten Stiche: **gerade Stiche bzw. Steppstiche** (1, 2) und **Zickzackstich** (4).

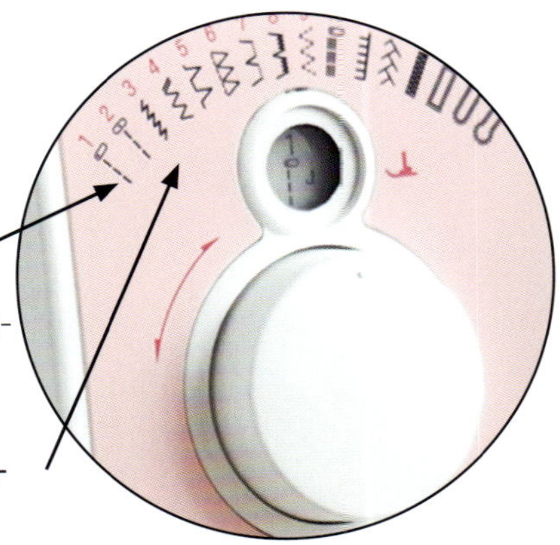

Nähmaschinenplatz einrichten

Du sitzt optimal an der Nähmaschine, wenn du das Nähmaschinen-Füßchen mittig vor dir hast. Dein Stuhl sollte nur so hoch sein, dass deine Füße komplett den Boden berühren. Platziere das Pedal so, dass dein Fuß bequem darauf steht und deine Ferse den Boden berührt. Sollte der Stuhl oder der Tisch zu hoch sein, kannst du unter das Pedal auch auf eine kleine Bank oder ähnliches stellen.

Prickeln

Zum Üben: Kopiere und vergrößere dir die hier abgebildeten Nahtlinien auf Papier oder zeichne sie ab. Garn einfädeln musst du erst mal nicht. Starte, indem du mit dem Handrad der Maschine die Nadel in den Anfang der ersten geraden Naht einstichst. Jetzt setzt du das Nähmaschinen-Füßchen ab. Achte darauf, dass der größte Teil des Papiers links von der Maschine ist, das ist später beim Stoff auch so.

Lenken oder Führen des Stoffs

Jetzt gibst du vorsichtig Gas mit dem Pedal. Nähe entlang der Linie bis ans Ende. Halte dabei das Papier mit der rechten Hand gerade und führe es mit der linken. Du brauchst das Papier nicht zu ziehen oder zu schieben. Die Nähmaschine holt sich das Papier und auch später den Stoff ganz von allein. Probier es einmal aus, indem du beim Nähen kurz das Papier loslässt.

Verriegeln oder Sichern der Naht

Bei der zweiten geraden Linie machst du zuerst 3–4 Stiche vorwärts, dann dieselbe Anzahl Stiche rückwärts. Dafür gibt es den Knopf zum Rückwärtsnähen bzw. Verriegeln. Achte darauf, dass du die Vorwärts- und Rückwärtsstiche genau übereinander setzt. So sicherst du die Naht. Sie geht nicht mehr auf. Man sagt dazu auch verriegeln. Verriegel ab jetzt an jedem Anfang und Ende aller Nähte.

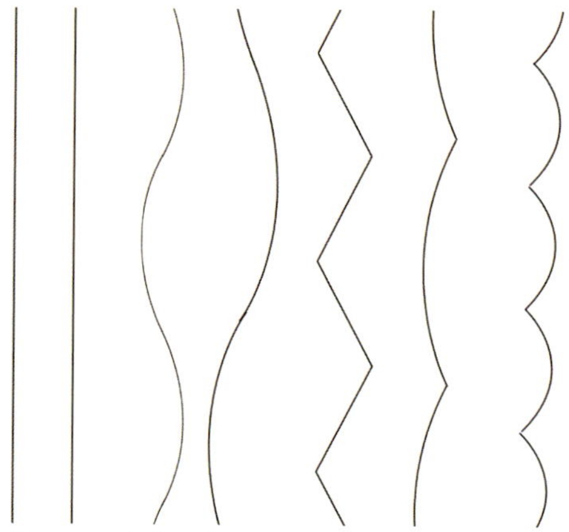

Zuerst wird auf vorgezeichneten Nahtlinien geübt.

Die rechte Hand hält gerade, die linke Hand führt. Nicht schieben!

So sieht das aus, wenn eine Naht am Ende korrekt verriegelt ist.

Probiere verschiedene Geschwindigkeiten aus, so bekommst du ein Gefühl für das Pedal und die Maschine.

Wellen, Kurven und Rundungen nähen

Nach den geraden Linien sind auf dem Papier Wellen eingezeichnet. Um den Anfang mit der Nadel zu treffen, legst du das Papier etwas gedreht ein. Werden die Rundungen kleiner, hilft dir eine kürzere Stichlänge, die du an deiner Maschine einstellen kannst, z. B. 1,5 mm. Wenn du in eine minikleine Kurve kommst, halte kurz an. Hebe das Nähfüßchen hoch. Drehe das Blatt leicht und setze das Füßchen wieder ab. Achte darauf, dass dabei immer die Nadel im Papier und später im Stoff versenkt bleibt.

Nadel versenkt lassen, Füßchen hoch, Papier drehen, Füßchen wieder runter!

Spitzen und Ecken nähen

Nähe bis kurz vor die Ecke oder Spitze. Die letzten Stiche bis in die Ecke kannst du am einfachsten mit dem Handrad machen. Beim letzten Stich genau in der Ecke bleibt die Nadel im Papier versenkt. Hebe das Füßchen. Drehe das Blatt in die neue Richtung und senke das Füßchen wieder.

Das Füßchen ist genau an der Kante, das ist füßchenbreit.

In bestimmten Abständen zur Kante nähen

Füßchenbreit nähen

Lege das Papier mit einer Kante direkt unter das Füßchen, sodass es mit der rechten Füßchenkante abschließt. Das nennt man füßchenbreit.

1 cm zur Kante nähen

Damit du es beim Nähen leicht hast, sind schon alle Schnittteile mit einer Nahtzugabe von 1 cm versehen. Zeichne dir die Nahtlinie vorher auf den Stoff, sie ist 1 cm von der Kante entfernt. Hast du es einmal vergessen, helfen dir die Linien auf der Nähmaschine. Meistens ist die erste Linie 1 cm rechts vom Füßchen. Lege dein Papier dort an und nähe.

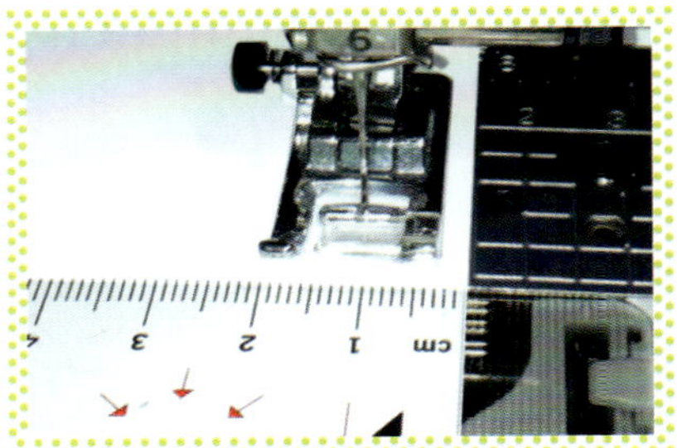

Die Nahtzugabe ist 1 cm.

Knappkantig nähen

Damit ist gemeint, dass du beim Nähen so nah wie möglich mit der Nadel an einer Kante entlang nähst, z. B. weil du eine Öffnung schließt.

Knappkantig heißt so nah wie möglich an der Kante.

Garn einsetzen

Wenn du dir bei den einzelnen Nähschritten sicher bist, gehts gleich mit dem Nähen auf Stoff und mit Garn weiter. Dafür fädelst du das Garn mithilfe der Bedienungsanleitung deiner Nähmaschine ein. Oben kommt von der Garnrolle der Oberfaden, und von unten kommt der Unterfaden von der Spule. In der Regel werden der Ober- und der Unterfaden zusammen unter dem Füßchen durch nach hinten gelegt. Bevor du losnähst, kontrolliere noch einmal alles, damit sich beim Starten keine Knoten bilden.

Garn einfädeln fängt immer mit dem Einsetzen der Garnrolle an und endet mit zwei Fäden (Ober- und Unterfaden), die hinter dem Nähfüßchen enden.

Nähen mit dem Zickzackstich – Versäubern und Aufnähen

Der Zickzackstich eignet sich wunderbar für das Versäubern von Kanten. Achte beim Kantenversäubern darauf, dass du den Stoff einmal mit der Nadel triffst und einmal nicht. So kann die Kante nicht ausfransen. Wenn nicht anders angegeben, wähle eine Stichlänge von ca. 3,5 mm und eine Stichbreite von 4,0 mm aus.
Mit dem Zickzackstich kannst du prima Borten und Bänder aufnähen. Es funktioniert genauso wie beim Versäubern, nur triffst du dabei einmal den einen Stoff, bzw. die Borte, und einmal den anderen Stoff. Falls nicht anders angegeben, wähle eine Stichlänge von ca. 1,5 mm und eine Stichbreite von 3,0 mm aus.

Diese Kante wurde mit Zickzackstich versäubert.

Die Borte ist mit Zickzackstich aufgenäht. Ganz einfach und hübsch.

Der Umgang mit der Schere – Knipsen, Einschneiden und Co.

Damit sich Nähteile besser auf rechts drehen oder auch verstürzen lassen und du die Füllwatte auch bis in die Ecken bekommst, kannst du dir mit wenigen Schnitten die Arbeit erleichtern. Rausstehende Ecken schneidest du bis kurz vor die Naht ab. Geht die Ecke oder Spitze nach innen, schneidest du den Stoff bis kurz vor der Naht ein.
Bei flachen Rundungen schneidest du den Stoff quer zur Naht ein. Das nennt man auch knipsen.

Die Naht ist eingeschnitten, damit man besser wenden kann.

Nähen von Hand

Einen Knopf annähen

Damit du auch weißt, wie ein Knopf angenäht wird, hier eine kurze Anleitung für einen Knopf mit zwei Löchern:

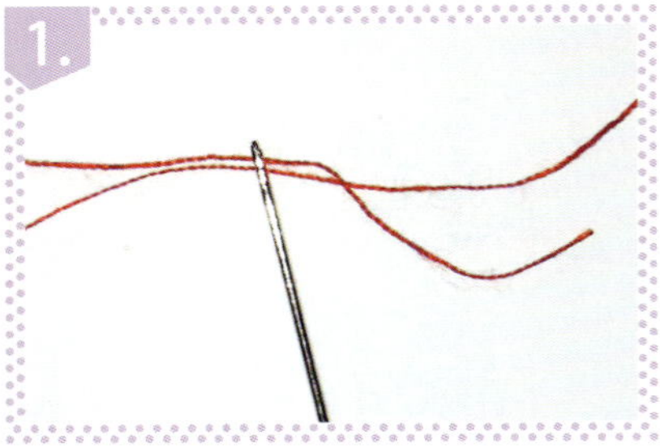

Schneide einen etwa 60 cm langen Garnfaden ab. **Lege** die beiden Enden zusammen und **führe** beide durch das Nadelöhr.

Mach an die beiden Enden einen dicken Knoten. **Ziehe** die Fäden auf der Seite mit dem Knoten etwas länger als die am Ende mit der Schlaufe.

Stich zuerst von der **rechten Stoffseite** durch den Stoff. **Ziehe** den Faden stramm, bis der Knoten fest am Stoff sitzt.

Näh jetzt direkt daneben wieder zurück auf die **rechte Seite** und durch das rechte Knopfloch. **Ziehe** den Faden wieder stramm.

Stich nun von oben durch das linke Knopfloch und den Stoff.

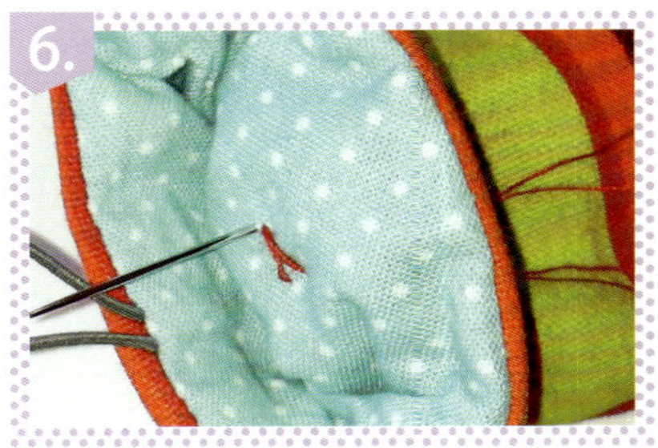

Wiederhole alles fünfmal und ende mit Faden und Nadel auf der **linken Stoffseite**. **Nähe** noch zweimal nur durch den Stoff und **schneide** den Faden ab.

Im Blindstich nähen

So kannst du z. B. Wendeöffnungen wie beim Wende-Beanie auf Seite 72 unsichtbar schließen:

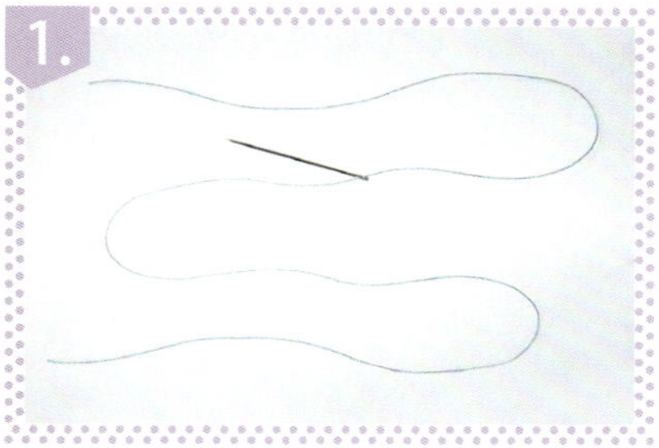

Schneide einen etwa 40 cm langen Faden ab. Führe ein Ende durch das Nadelöhr und verknote es. Man macht den Stich von rechts nach links (als Rechtshänder).

Den ersten Stich **nähst** du am Anfang der Öffnung von innen nach außen. Der Faden ist gesichert und der Knoten verschwunden.

Stich in der gleichen Höhe in die Kante gegenüber ein und komm ein Stückchen weiter links daneben wieder heraus.

Stich wieder in der vorherigen Kante genau gegenüber ein und komm ein Stückchen weiter links wieder raus.

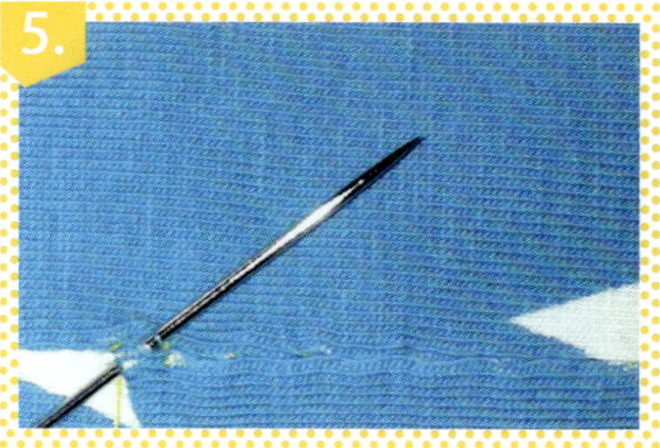

Das **wiederholst** du, bis du am anderen Ende der Öffnung angekommen bist. **Mach** noch drei kleine Stiche, um den Faden zu vernähen.

Stich mit der Nadel ganz weit nach innen in das Objekt ein und komme irgendwo auf der gegenüberliegenden Seite wieder heraus. **Schneide** den Faden ab.

DEIN NÄHFÜHRERSCHEIN

Wenn du alle Vorbereitungen getroffen und die Übungen gemacht hast, nähe dir das Atelyeah – Nadelkissen. Da kannst du gleich zeigen, was du drauf hast!

MATERIAL

- [ ] Bedruckter Baumwollstoff — 2 Stück, beide 15 cm lang und 20 cm breit
- [ ] Bleistift
- [ ] Füllwatte — ca. 200 ml
- [ ] **Schnittmuster „Eichhörnchen-Nadelkissen" von Schnittmusterbogen**

Kopiere das Schnittmuster vom Schnittmusterbogen auf Papier. **Achte** dabei auf den **Fadenlauf**.

Lege die Stoffe **rechts auf rechts** zusammen. **Stecke** den Papierschnitt auf den Stoff. **Zeichne** mit einem weichen Bleistift die Umrisse des Papierschnitts auf den Stoff. **Nimm** den Papierschnitt wieder ab.

Stecke und **nähe** entlang der Linie. **Lass** am unteren Rand eine Öffnung von ca. 4 cm. **Starte** dort mit dem Nähen.

Schneide das Eichhörnchen im Abstand von 1 cm zur Naht aus. Bei Bögen schneidest du den Stoff quer zur Naht ein. Ecken schneidest du flach ab.

Wende das Eichhörnchen durch die Öffnung auf die **rechte Seite**. **Nimm** eine dicke Stricknadel, um alle Ecken richtig auszuformen.

Fülle das Nadelkissen mit **Füllwatte** und verteile sie gleichmäßig.

Stecke die untere Kante zu und **markiere** dir den Anfangs- und Endpunkt.

Nähe die Öffnung **knappkantig** zu.

Geschafft, jetzt kannst du alle Projekte in diesem Buch nachnähen!

Yippie!

Schräger Vogel

Zum Kuscheln sind sie fast zu schade, diese kunterbunten Vögel!

MATERIAL

KLEINER SCHRÄGER VOGEL MIT GRÜNER BOMMELBORTE

☐ Karierter Baumwollstoff	100 cm lang und 20 cm breit
☐ Geblümter Baumwollstoff	100 cm lang und 20 cm breit
☐ Webborte und Bommelborte	jede 100 cm lang
☐ Dicke Kordel	100 cm lang
☐ Filz- und Fransenreste	
☐ Doppelseitiges Klebevlies	in der Größe passend zu den Filzresten
☐ Stylefix®	2 Stück, beide 100 cm lang
☐ Füllwatte	etwa 2 Liter
☐ **Schnittmuster „Schräger Vogel – klein" von Schnittmusterbogen**	

LOS GEHTS!

Lege die beiden Stoffstreifen **rechts auf rechts** zusammen. **Stecke** und **nähe** sie an einer der langen Kanten zusammen. **Bügel** die **Nahtzugabe** auseinander.

Stecke und **nähe** auf der **rechten Seite** entlang der Naht die Bommelborte auf. **Stecke** und **nähe** oberhalb der Bommelborte die Webborte an. Mit **Stylefix®** geht es leichter

Kopiere die **Schnittmuster** samt Markierungen auf Papier. Das große Dreieck **legst** du dreimal auf den Stoff, sodass die Bommelborte genau in der Mitte ist. Das kleinere Stück Blumenstoff **faltest** du längs zur Hälfte und **legst** den Papierschnitt für den Boden mit der markierten Seite genau **an den Stoffbruch an**. **Stecke** das Papier fest.

WEITER GEHTS

4.

Zeichne die Teile rundherum mit **Schneiderkreide** ab. Die Markierungen für die Füße müssen nur auf eins der großen Dreiecke. Nimm das Papier ab. **Schneide** anschließend alle Teile aus.

5.

Für die Vogelfüße **schneide** die Kordeln in vier gleich lange Stücke. **Knote** zwei Kordeln jeweils einmal in der Mitte und einmal am Ende, die beiden anderen an beiden Enden.

6.

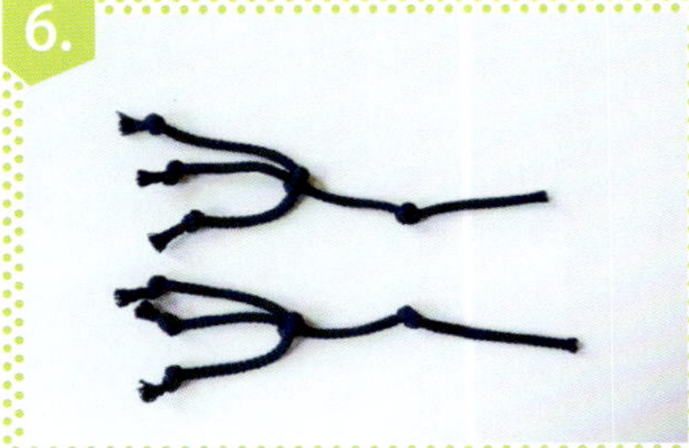

Verknote nun die Kordel mit den Knoten an den Enden mittig zwischen die beiden Knoten der anderen Kordel. Fertig sind die Füße.

7.

Für das Vogelgesicht **nimm** das Stoffdreieck mit den Fußmarkierungen und **nähe** einige Fransen im Abstand von 3 cm zur Spitze auf der **rechten Stoffseite** fest.

8.

Klebe laut Herstelleranleitung das **Klebevlies** auf den Filz. **Schneide** aus den Filzresten die Augen und den Schnabel aus. Verwende die Griffe deiner Schere als Schablone. Entferne das Papier vom Vlies und **klebe** die Teile als Vogelgesicht auf.

9.

An der unteren Kante des Dreiecks mit dem Gesicht **nähst** du die Füße mit mit ein, zwei Stichen an den Markierungen.

10.

Nun gehts ans Zusammennähen: **Stecke** und **nähe** an eine Kante des kleinen Bodenteils **rechts auf rechts** die schmale Kante eines der großen Dreiecke.

11.

Nimm als nächstes das Dreieck mit dem Vogelgesicht und **nähe** es **rechts auf rechts** an der zweiten Seite des Bodenteils fest, bis du an die erste Naht stößt.

12.

Stecke und **nähe** nun das letzte Dreieck an die noch freie Kante. Achtung, diesmal lässt du eine **Wendeöffnung** von etwa 8 cm. Durch diese wird dein Vogel später mit Füllwatte befüllt.

13.

Stecke und **nähe** die Kanten (mit Bommeln), die jeweils aneinanderstoßen, zusammen. Pass auf, dass du nicht aus Versehen die Bommel mit einnähst!

14.

Nun ist der Vogel fast fertig: **Wende** alles durch die Öffnung auf die **rechte Seite**. **Befülle** den Vogel durch die Öffnung mit reichlich Füllwatte, bis du die Öffnung gerade noch bequem zudrücken kannst. **Stecke** und **nähe** die Öffnung mit Blindstich zu.

Den schrägen Vogel gibt es auch eine Nummer größer, dafür brauchst du etwas mehr Stoff und doppelt so viel Füllwatte. Stoff und Borten wählst du ganz nach Laune!

Einfaches Utensilo für Krimskrams

Ganz einfach und galaktisch praktisch!

MATERIAL

- [ ] Beschichteter Baumwollstoff — 2 Stück, beide 38 cm lang und 30 cm breit
- [ ] Bedruckter Baumwollstoff — 2 Stück, beide 38 cm lang und 30 cm breit
- [ ] Watteline H640 als Einlage — 2 Stück, beide 38 cm lang und 30 cm breit

LOS GEHTS!

1.

Nimm die beiden beschichteten Stoffteile. Sie sind später die Innenseite des Utensilos. **Klebe** die **Einlage** laut Herstelleranweisung auf die **linke Seite** der gemusterten, nicht beschichteten Stoffe, die später außen sind.

2.

Lege immer zwei der gleichen Stoffteile mit den **rechten Seiten** aufeinander. **Stecke** die beiden beschichteten Teile an den beiden kurzen Seiten und an einer langen Seite zusammen.

3.

Nähe sie anschließend zusammen. Lass aber eine etwa 10 cm große **Wendeöffnung** in der Mitte der langen Seite. **Nähe** die gesteckten Strecken zusammen. **Nähe** so auch die beiden Teile, die später außen sind, zusammen, aber ohne eine Öffnung zu lassen.

WEITER GEHTS

Damit du eine runde Form erhältst, **greifst** du mit dem Zeigefinger in eine der genähten Ecken. Die kurze Seite des Utensilos zeigt dabei zu dir. **Streiche** mit der anderen Hand die Ecken flach, sodass die Nähte sich berühren.

Lege den gefalteten Stoff ab und **positioniere** das Geodreieck mit dem Nullpunkt auf der Naht. **Miss** auf jeder Seite davon 6 cm ab und **zeichne** eine Linie.

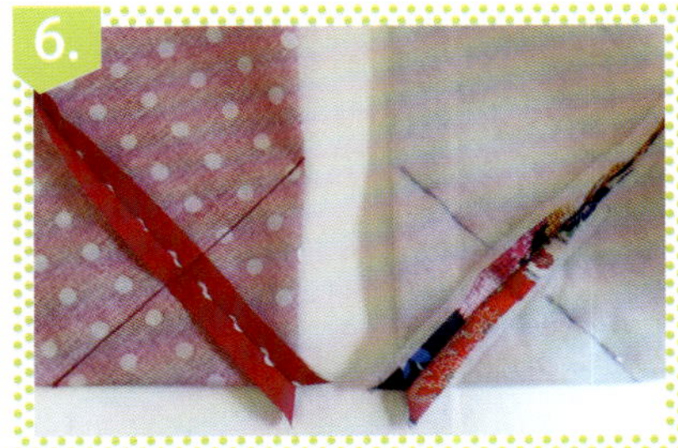

Wiederhole dies ab Schritt 4 bei dem anderen Stoffteil. **Stecke** und **nähe** beide genähten Ecken entlang der Linie.

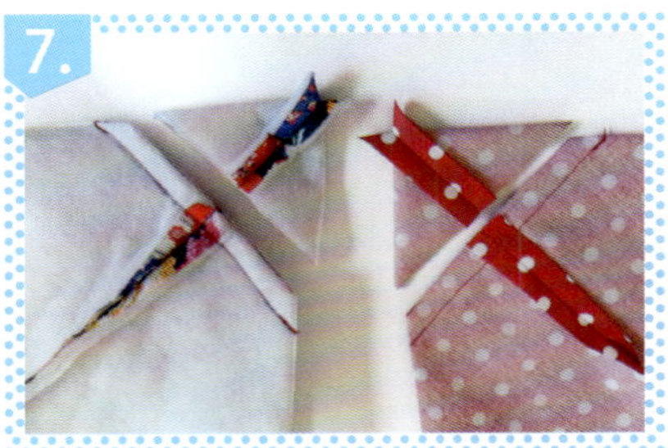

Schneide die Ecken 1 cm vor der Naht mit der Stoffschere ab.

Lege die noch offenen Kanten der beiden Teile **rechts auf rechts** aufeinander. **Stecke** und **nähe** die noch offenen, oberen Kanten rundherum zusammen.

Wende vorsichtig alles durch die **Öffnung** auf die **rechte Seite**. **Stecke** und **nähe** die Öffnung **knappkantig** zu. **Ziehe** das fertige Utensilo zuletzt hübsch in Form und **schlage** den oberen Rand um.

Schnipp

Schnapp

Wäschesack

Damit du nicht jeden einzelnen Socken sofort in die Waschküche bringen musst, sammle deine Wäsche doch einfach im eigenen Wäschesack.

MATERIAL

☐ Fester Baumwollstoff, Muster 1	100 cm lang und 60 cm breit
☐ Fester Baumwollstoff, Muster 2	100 cm lang und 20 cm breit
☐ Fester Baumwollstoff für Aufhänger	50 cm lang und 10 cm breit
☐ Dicke Kordel	200 cm lang
☐ Ösen	2 Stück mit 23 mm Durchmesser
☐ Webborte	100 cm lang
☐ Stylefix®	100 cm lang
☐ Watteline H640 als Einlage	5 cm lang und 12 cm breit

LOS GEHTS!

1.

Versäubere alle Kanten mit dem **Zickzackstich** (Stichlänge 3,0 mm, Stichbreite 4,0 mm).

2.

Lege die langen Kanten der beiden Stoffe aneinander, sodass sie **rechts auf rechts** liegen. **Stecke** und **nähe** die Stoffe zusammen.

3.

Bügel die **Nahtzugabe** auf die Seite des größeren Stoffstücks um.

LOVE

4. **Stecke** und **nähe** die Webborte oberhalb der Naht auf der **rechten Stoffseite** auf. Damit das Nähen leichter geht, kannst du **Stylefix®** benutzen.

5. **Lege** die beiden kurzen Kanten des Stoffs **rechts auf rechts**. **Stecke** und **nähe** die Seite zu. **Achte** darauf, dass die Enden der Borte genau aufeinander treffen. **Bügel** die **Nahtzugabe** auseinander.

6. Am oberen Rand deines Beutels **bügelst** du die Stoffkante 6 cm auf die linke Seite um und **klappst** sie wieder auf.

7. **Lege** den Beutel so hin, dass die äußere Naht seitlich liegt. **Miss** die Strecke von der Seitennaht bis zur gegenüberliegenden Kante. **Halbiere** sie (ca. 24 cm) und **markiere** die Stellen mit dem Stift. Hier ist die vordere und hintere Mitte. Von hier aus **misst** du etwa 3,5 cm nach links und rechts und **markierst** die beiden Punkte.

8. **Bügel** für den Aufhänger den 50 cm langen Stoffstreifen einmal der Länge nach in der Mitte zusammen. Dabei liegt die linke Seite innen. **Klappe** ihn wieder auf.

9. An die so entstandene Falte hin **faltest** du die Ränder nach innen und **bügelst** sie fest.

10.

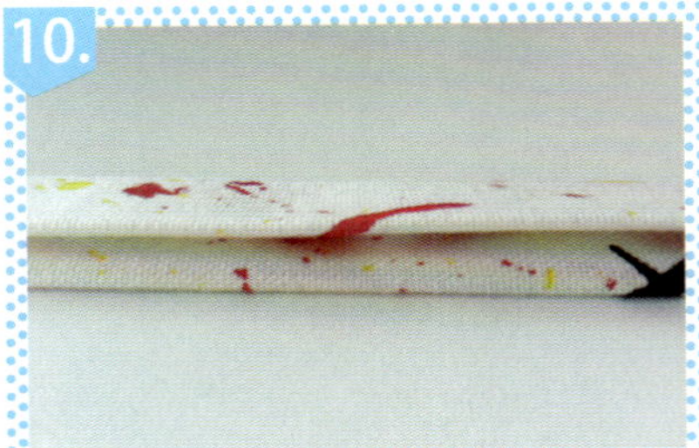

Falte den Stoff nochmals in der Mitte zusammen. **Stecke** und **nähe knappkantig** entlang der langen Kanten zusammen, sodass ein fester Stoffstreifen entsteht.

11.

Stecke und **nähe** den Aufhänger als Schlaufe an deiner Markierung für die hintere Mitte fest.

12.

Markiere als nächstes die Position für die Ösen. **Miss** mit dem Geodreieck auf der Bügelkante ca. 3,5 cm von der vorderen Mitte nach links und nach rechts. **Markiere** die Punkte und **miss** von dort ca. 2,5 cm nach unten.

13.

Bringe auf der **linken Seite** des Stoffs, dort, wo die Markierungen für die Ösen sind, die Einlage an.

14.

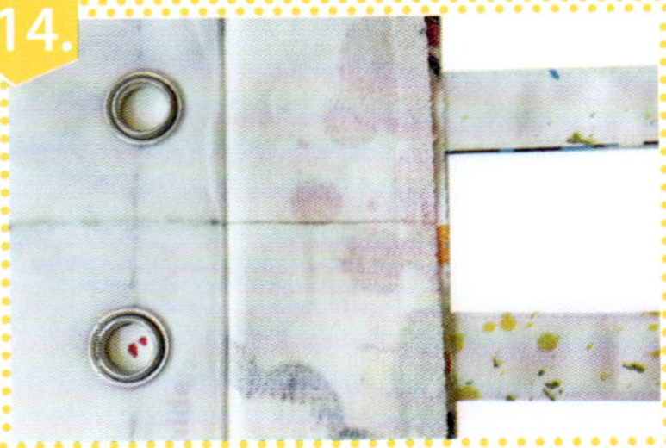

Bringe die Ösen mithilfe der Ösenzange an. **Bitte** einen Erwachsenen um Hilfe, falls es zu schwer geht.

15.

Klappe den Rand, den du in Schritt 6 gebügelt hast, wieder um und **nähe** am unteren Rand **knappkantig** den **Tunnel** zu, auch über den Aufhänger.

16.

Stecke den Aufhänger auch oben am Tunnel fest und **nähe** den Tunnel auch oben einmal rundherum ab. Fertig ist der obere Teil deines Beutels!

17.

Stecke und **nähe** nun die untere Kante des Beutels **rechts auf rechts.**

18.

Damit der Beutel eine runde Form bekommt, **greifst** du mit dem Zeigefinger in eine der genähten Ecken. **Streiche** mit der anderen Hand die Nähte glatt, sodass sie flach aufeinanderliegen.

19.

Lege das Geodreieck mit dem Nullpunkt auf die Naht. **Miss** auf jeder Seite 6 cm ab und **zeichne** dort eine Linie ein. **Wiederhole** diese beiden Schritte an der anderen Ecke.

20.

Stecke und **nähe** beide Ecken entlang der Linie und **schneide** sie 1 cm vor der Naht ab. **Versäubere** die Naht mit dem **Zickzackstich**.

21.

Drehe alles durch die Öffnung auf die **rechte Seite**. **Ziehe** mit einer großen Sicherheitsnadel die Kordel durch die Ösen und den Tunnel, **verknote** die Kordelenden.

Utensilo für die Wand

Du brauchst mehr Platz für Kreativität? Ruckzuck sind deine Nähsachen an der Wand aufgeräumt!

MATERIAL

WAND-UTENSILO

☐	Bedruckter Baumwollstoff	24 cm lang und breit
☐	gepunkteter Baumwollstoff	24 cm lang und breit
☐	Webborte	etwa 25 cm lang
☐	Stylefix®	etwa 25 cm lang
☐	Stickrahmen	18–20 cm Durchmesser

LOS GEHTS!

Falte und **bügel** den Stoff mit der **rechten Seite** nach außen auf die Hälfte. **Bügel** die Kanten des anderen Stoffs 1 cm breit um und lege beide unten Kante auf Kante. **Stecke** sie zusammen

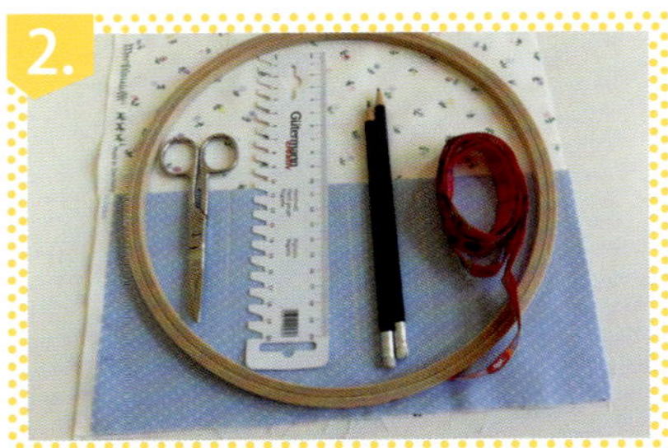

Lege die Stoffe wie abgebildet aufeinander. **Platziere** die Dinge, die du gern in deinem Wand-Utensilo unterbringen möchtest, auf den Stoffen und **lege** darüber den Stickrahmen.

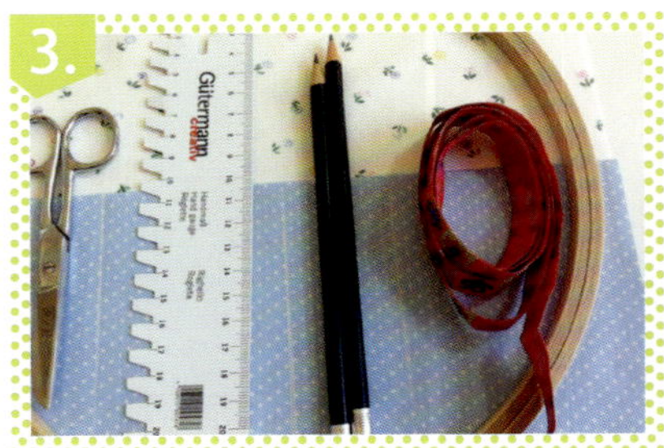

Zeichne mit dem Kreidestift ein, wo dein Zubehör liegen soll. **Ziehe** dafür mit dem Geodreieck von der Mitte aus Linien von oben nach unten. **Lass** dabei etwas Platz links und rechts vom Gegenstand – je dicker er ist, desto mehr.

WEITER GEHTS

Nähe auf den **Stoffbruch** des gepunkteten Stoffs die Webborte mit Zickzackstich (Stichlänge 2,5 mm, Stichbreite 3,0 mm) auf. Damit dir das Nähen etwas leichter fällt, kannst du **Stylefix**® benutzen.

Lege die Stoffe wieder entlang der Kanten aufeinander. **Nähe** sie nun an den eingezeichneten Linien zusammen.

Nun **legst** du nur noch den inneren Stickrahmen unter den Stoff, so, dass die Borte genau in der Mitte ist. **Lege** den äußeren Ring darüber und **ziehe** die Stellschraube fest.

Schneide auf der Rückseite vorsichtig den überstehenden Stoff etwas ab, **bügel** den restlichen Stoff behutsam über den Rand nach innen um und fang gleich an, deine Schätze einzusortieren!

Ein prima Platz für dein Nähzubehör oder für deine Strick- und Häkelnadeln!

Türstopper Birne

Vorsicht, Fallobst! Es sieht klasse aus, wenn du gleich einen ganzen Schwung Obst vor die Tür legst.

MATERIAL

☐ Bedruckter Baumwollstoff, Muster 1	3 Stück, alle 24 cm lang und 11 cm breit
☐ Bedruckter Baumwollstoff, Muster 2	3 Stück, alle 24 cm lang und 11 cm breit
☐ Wollfilz für das Blatt	2 Stück, beide 7 cm lang und 15 cm breit
☐ Bedruckter Baumwollstoff	16 cm lang und 16 cm breit (für den Boden)
☐ Kordel	etwa 35 cm lang
☐ Vogelsand (in Gefrierbeutel)	500 g
☐ Füllwatte	etwa 1 Liter
☐ **Schnittmuster „Birne" vom Schnittmusterbogen**	

LOS GEHTS!

1.

Kopiere die **Schnittmuster** vom Bogen auf Papier. Stecke die Papierschnitte auf die linken Stoffseiten.

2.

Übertrage die Schnitte mit dem **Kreidestift** auf den Stoff, entferne die Stecknadeln und **schneide** alle Teile aus.

3.

Für das Filzblatt **steckst** und **nähst** du die beiden Stücke zusammen.

CONVERSE
ALL★STAR

4.

Lege jeweils drei deiner Seitenteile im Muster abwechselnd **rechts auf rechts** aneinander. **Stecke** und **nähe** sie an den beiden inneren Kanten zusammen. **Wiederhole** diesen Schritt mit den drei anderen Teilen.

5.

Stecke das Filzblatt und die Kordel mittig auf die obere Kante eines Stoff-Trios und **nähe** sie fest. Sie zeigen dabei nach unten auf die Stoffteile.

6.

Lege das andere Stoff-Trio **rechts auf rechts** darauf. **Stecke** und **nähe** die Seitenteile ohne abzusetzen zusammen. Lass den Boden aber noch offen.

7.

Die Birne ist nun fast fertig. **Stecke** und **nähe** das Stück für den Boden rundherum an die untere Kante der Seitenteile. **Lass** eine **Wendeöffnung** von etwa 8 cm.

8.

Wende alles durch die Öffnung auf die **rechte Seite**. **Stopfe** die Birne mit reichlich Füllwatte aus. Am Boden **setzt** du zum Beschweren den fest zugeknoteten Beutel mit Vogelsand ein. **Nähe** zum Schluss die **Wendeöffnung** mit **Blindstich** von Hand zu.

Stopf

Und weiter gehts gleich mit dem Apfel!

Türstopper Apfel

Den Apfel nähst du fast genau so wie die Birne. Nur hast du es hier mit Stoff-Pärchen und nicht mit Stoff-Trios zu tun.

MATERIAL

☐	Bedruckter Baumwollstoff, Muster 1	2 Stück, beide 24 cm lang und 17 cm breit
☐	Bedruckter Baumwollstoff, Muster 2	2 Stück, beide 24 cm lang und 17 cm breit
☐	Wollfilz für das Blatt	2 Stück, beide 8 cm lang und 16 cm breit
☐	Bedruckter Baumwollstoff	19 cm lang und 19 cm breit (für den Boden)
☐	Kordel	etwa 35 cm lang
☐	Vogelsand (in Gefrierbeutel)	500 g
☐	Füllwatte	etwa 1 Liter
☐	**Schnittmuster „Apfel" vom Schnittmusterbogen**	

LOS GEHTS!

1. **bis** **3.** Genau wie bei der Birne! Blättere einfach zurück und guck dort.

4. **Lege** jeweils zwei deiner Seitenteile **rechts auf rechts** aneinander. **Stecke** und **nähe** sie an einer Kante zusammen. **Wiederhole** diesen Schritt mit den anderen beiden Teilen.

5. **Stecke** das Filzblatt und die Kordel mittig auf die obere Kante eines Stoff-Pärchens und **nähe** sie fest.

6. **Lege** das andere Stoff-Pärchens **rechts auf rechts** darauf. **Stecke** und **nähe** die Seitenteile ohne abzusetzen zusammen. Lass den Boden aber noch offen.

7. **bis** **8.** werden wieder genau wie bei der Birne gemacht. So wird dein Apfel ganz schnell fertig. Und dann? Obstsalat!

Turnbeutel mit Bügelbild

Dein alter Turnbeutel ist irgendwie verschwunden?
Näh dir doch einfach einen neuen!

MATERIAL

Jeans-Baumwollstoff	2 Stück, beide 33 cm lang und 38 cm breit
Beschichteter Baumwollstoff mit Punkten	33 cm lang und 31 cm breit
Bügelbild	1 Stück
Kordel	2 Stück, beide etwa 180 cm lang
Kordel	2 Stück, beide etwa 7 cm lang

LOS GEHTS!

1.

Versäubere alle Kanten des Jeansstoffs mit dem **Zickzackstich**. (Stichlänge 3,0 mm, Stichbreite 4,0 mm).

2.

Lege die 33 cm lange Kante eines Jeans- und des Punktestoffs **rechts auf rechts** aufeinander. **Stecke** und **nähe** die Stoffe zusammen.

3.

Stecke und **nähe** den zweiten Jeansstoff genauso an die gegenüberliegende Kante des Punktestoffs.

4.

Da man beschichteten Stoff nicht bügeln kann und die Nähte trotzdem flach liegen sollen, **lege** die **Nahtzugabe** auf die Jeans-Seite. **Nähe von rechts** einmal **knappkantig** und einmal **füßchenbreit** über Stoff und **Nahtzugabe**.

5.

Positioniere dein Bügelbild auf den Jeansstoff. **Denk** daran, dass der Punktestoff den Boden des Turnbeutels bildet. **Achte** darauf, dass das Bügelbild nicht zu nah am Rand liegt. **Bringe** sie laut Herstelleranleitung an.

6.

Markiere auf dem mittleren Stoffstück (mit Punkten) an den seitlichen Kanten die Mitte.

7

Falte die kurzen Kordelstücke zu Schlaufen. Lege je eine etwa 2 cm oberhalb der Markierungen auf die rechte Stoffseite. **Stecke** und **nähe** beide Schlaufen **füßchenbreit** gut fest. Du kannst ruhig zwei-, dreimal vor und zurück nähen.

8.

Falte den Stoff an den Markierungen mittig um. Die **rechte Stoffseite** ist innen. **Stecke** beide Seiten bis zur oberen Kante zusammen und **lass** 8 cm von der Kante eine Öffnung von 2,5 cm. **Nähe** die Seiten bis auf die Öffnung zu.

9.

Bügel die **Nahtzugaben** auseinander. (Nicht den Punktestoff bügeln!) **Nähe** von der **rechten Seite** einmal um jede Öffnung.

10.

Bügel den Stoff an der oberen Kante 7 cm nach innen. **Stecke** und **nähe** den so entstandenen **Tunnel** einmal **füßchenbreit** von der Kante und einmal **füßchenbreit** an der ersten Naht entlang fest.

11.

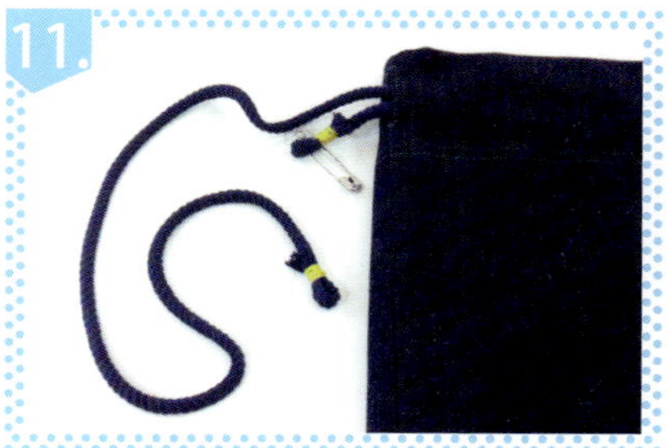

Wende deinen Beutel auf die **rechte Seite**. **Ziehe** die Kordeln mithilfe einer Sicherheitsnadel so durch den Tunnel, dass je zwei Kordelenden aus derselben Öffnung herausschauen.

12.

Ziehe die Kordeln auf der gleichen Seite auch durch die Schlaufen. **Knote** die Enden der Kordeln fest zusammen. Und los gehts!

Beim Einfädeln die Kordel einmal auf sich selbst umschlagen, festbinden und die Sicherheitsnadel durch die entstandene Schlaufe fädeln.

Turnbeutel mit Jeanstasche

Und falls du noch eine alte Jeanshosentasche hast, probier einfach den Jeans-Look. Eine echt lässige Variante!

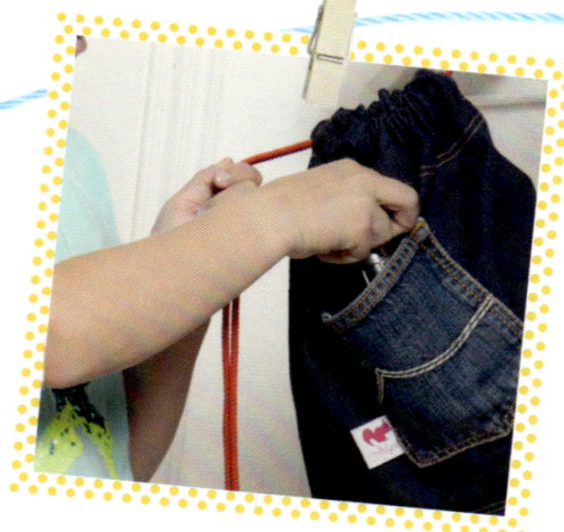

MATERIAL

☐ Jeans-Baumwollstoff	2 Stück, beide 33 cm lang und 38 cm breit
☐ Beschichteter Baumwollstoff mit Punkten	33 cm lang und 31 cm breit
☐ Alte Jeanshosentasche	1 Stück
☐ Kordel	2 Stück, beide etwa 180 cm lang
☐ Kordel	2 Stück, beide etwa 7 cm lang

Aelyeah

LOS GEHTS!

1. Die Schritte 1–4 gehen wie beim ersten Beutel. **Versäubere** alle Kanten des Jeansstoffs mit dem **Zickzackstich** (Stichlänge 3,0 mm, Stichbreite 4,0 mm).

2. **Lege** die 33 cm lange Kante eines Jeans- und des Punktestoffs **rechts auf rechts** aufeinander. **Stecke** und **nähe** die Stoffe zusammen.

3. **Stecke** und **nähe** den zweiten Jeansstoff genauso an die gegenüberliegende Kante des Punktestoffs.

4. Da man beschichteten Stoff nicht bügeln kann und die Nähte trotzdem flach liegen sollen, **lege** die **Nahtzugabe** auf die Jeans-Seite. **Nähe von rechts** einmal **knappkantig** und einmal **füßchenbreit** über Stoff und **Nahtzugabe**.

5.

Schneide die Jeanstasche sauber aus. **Positioniere** sie nach Lust und Laune auf dem Jeansstoff. **Denk** daran, dass der Punktestoff den Boden des Turnbeutels bildet. **Achte** darauf, dass die Tasche nicht zu weit am Rand liegt.

6.

Nähe die Hosentasche auf. Wenn du in der äußeren Naht der Tasche nähst, klappts am besten. Verwende Nähgarn in der gleichen Farbe wie bei der Jeans, dann sieht man die Naht später nicht.

7.

Markiere auf dem mittleren Stoffstück (mit Punkten) an den seitlichen Kanten die Mitte.

8.

Falte den Stoff an den Markierungen mittig um. Die **rechte Stoffseite** ist innen. **Stecke** beide Seiten bis zur oberen Kante zusammen und **lass** 8 cm von der Kante eine Öffnung von 2,5 cm. **Nähe** die Seiten bis auf die Öffnung zu.

9.

Bügel den Stoff an der oberen Kante 7 cm nach innen. **Stecke** und **nähe** den auf diese Weise entstandenen **Tunnel** einmal **füßchenbreit** von der Kante und einmal **füßchenbreit** an der ersten Naht entlang fest.

10.

Bügel die **Nahtzugaben** auf dem Jeansstoffs auseinander. (Achtung, nicht den Punktestoff bügeln!) **Nähe** von der **rechten Seite** einmal um jede Öffnung.

11.

Wende deinen Beutel auf die **rechte Seite. Bringe** in den unteren Ecken die **Ösen** laut Herstelleranleitung an.

12.

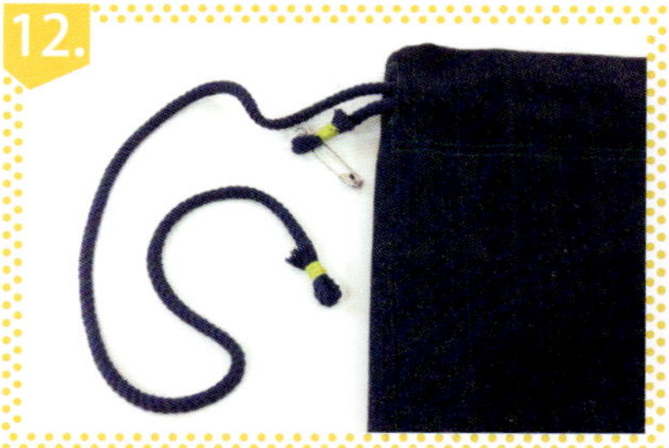

Ziehe mithilfe einer Sicherheitsnadel die Kordeln so durch den Tunnel, dass je zwei Kordelenden aus derselben Öffnung herausschauen.

13.

Ziehe die Kordeln auf derselben Seite auch durch die Ösen. **Knote** die Enden der Kordeln fest zusammen.

Wenn du noch Borte hast, nähe sie doch mit auf den Beutel, z. B. dort, wo die unterschiedlichen Stoffe zusammengenäht sind.

Flötenhülle

Wie die Stars! Damit ist dein Instrument für den Transport perfekt verpackt.

MATERIAL

☐ Beschichteter Baumwollstoff	10 cm lang und 74 cm breit
☐ Gepunkteter Baumwollstoff	10 cm lang und 74 cm breit
☐ Stern-Bügelbilder	5 Stück
☐ Watteline H640 als Einlage	10 cm lang und 74 cm breit
☐ Hut-Gummiband	etwa 9 cm lang
☐ Bunter Knopf aus Kokos	1 Stück

LOS GEHTS!

1.

Klebe die Stern-Bügelbilder laut Herstelleranleitung auf die **rechte Seite** des beschichteten Stoffs, der später außen ist. **Lege** beim Aufbügeln zwischen Stoff und Bügeleisen ein Baumwolltuch.

2.

Klebe die Einlage laut Herstelleranleitung auf die **linke Seite** des beschichteten Stoffs. **Forme** das Gummiband zu einer Schlaufe. **Stecke** und **nähe** es mittig an einer schmalen Stoffkante fest.

3.

Lege die beiden Stoffstreifen **rechts auf rechts** aufeinander. **Stecke** und **nähe** die schmalen Kanten aneinander. **Bügel** die **Nahtzugaben** auseinander. Jetzt hast du einen Stoffring.

4.

Lege den Stoffring **rechts auf rechts** längs zusammen. Achte darauf, dass die **Nahtzugaben** und jeweils die gleichen Stoffe übereinander liegen.

5.

Stecke und **nähe** die langen Seiten zusammen, **lass** an einer der beiden langen Seiten des getupften Stoffs eine **Wendeöffnung** von etwa 8 cm.

6.

Wende alles durch die **Öffnung** auf die **rechte Seite**. **Stecke** und **nähe** die Öffnung **knappkantig** zu.

7.

Stülpe den getupften Stoff in die Flötenhülle. Dabei hilft ein Kochlöffelstiel.

8.

Lege die Gummischlaufe auf die Vorderseite und **markiere** die Position für den Knopf. **Nähe** den Knopf von Hand mit einer Nähnadel gut fest.

Versuche doch gleich noch eine kürzere Hülle für das Mundstück! Dann bleibt auch alles schön trocken.

Pinselmäppchen

Pinsel, Stifte, Kleinigkeiten – hier ist einfach alles super verstaut. Außerdem kannst du lernen, einen Reißverschluss einzunähen!

MATERIAL

☐	Beschichteter Baumwollstoff	22 cm lang und 26 cm breit
☐	Reißverschluss	26 cm lang
☐	Webborte	etwa 15 cm lang

LOS GEHTS!

1.

Stecke den Reißverschluss **rechts auf rechts** an einer langen Seite des Stoffs fest. **Nähe** ihn **füßchenbreit** auf den Stoff. Setze dafür das Reißverschluss-Füßchen deiner Nähmaschine wie auf dem Bild an.

2.

Bevor du loslegst, **öffne** den Reißverschluss ein Stückchen. Wenn du auf Höhe des Reißverschluss-Schiebers bist, **versenke** die Nadel und **hebe** das Füßchen an. **Schließe** den Reißverschluss wieder. **Nähe** bis ans Ende.

3.

Schneide die Webborte in der Mitte durch, **falte** eines der Stücke zur Schlaufe. **Lege** es 1 cm vom Reißverschlussanfang an die Stoffkante und **stecke** es fest.

WEITER GEHTS

4.

Die zweite Schlaufe **steckst** du mittig auf der gegenüberliegenden Stoffkante fest, wo das Reißverschlussende ist.

5.

Nähe die Schlaufen **füßchenbreit** auf. Vergiss nicht, vorher wieder das normale Nähmaschinen-Füßchen einzusetzen.

6.

Stecke das andere Ende des Reißverschlusses **rechts auf rechts** auf die noch freie Stoffkante. **Nähe,** wie in Schritt 1 und 2 beschrieben, nur **schließe** den Reißverschluss zuerst ein Stück und **öffne** ihn, sobald du mit der Nadel den Schieber erreichst.

7.

Lege den Stoff an der Seite, wo das Webband mittig aufgenäht ist, so zusammen, dass der Reißverschluss und das Webband genau aufeinander liegen. **Stecke** und **nähe** die Kante zusammen. Vergiss nicht, vorher das normale Nähmaschinen-Füßchen einzusetzen.

8.

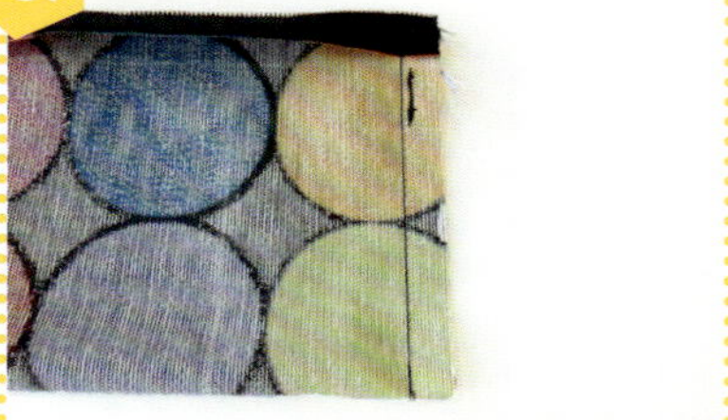

Näh die andere Seite am Reißverschlussanfang im Abstand von 1 cm zur Kante. **Lege** die gegenüberliegenden Kanten aufeinander, sodass die Markierung und die Reißverschlusskanten genau aufeinander liegen. Damit das einfacher geht, öffne den Reißverschluss ein wenig. **Wende** dann alles auf die **rechte Seite.** Fertig ist dein tolles Mäppchen!

Lesekissen mit Lesezeichen

Genau richtig für ein gemütliches Lesestündchen:
Ab auf die Couch und rein ins Vergnügen!

MATERIAL

LESEKISSEN MIT LESEZEICHEN IN ROT

☐ Rot karierter Baumwollstoff	38 cm lang und 50 cm breit
☐ Rostroter Cord	38 cm lang und 90 cm breit
☐ Doppelseitiges Klebevlies	Reste
☐ Rote Baumwollkordel	etwa 40 cm lang
☐ Wollfilz, verschiedene Farben	8 Kreise mit 4 cm Durchmesser
☐ Styroporkügelchen	etwa 4 Liter
☐ Holzkugel zum Fädeln	1 Stück mit 2 cm Durchmesser

☐ **Schnittmuster „Lesekissen mit Lesezeichen" vom Schnittmusterbogen**

LOS GEHTS!

1.

Beklebe vier Filzpunkte mit dem **Klebevlies** und **ziehe** das Papier ab. **Lege** sie mit der Klebeseite nach oben überlappend aufeinander.

2.

Darauf **legst** du mittig die Kordel, sodass sie etwa 12 cm unten und oben übersteht.

3.

Lege jeweils einen Filzpunkt ohne Klebevlies genau passend darauf. **Klebe** alles mit dem **Bügeleisen** laut Herstelleranleitung zusammen.

WEITER GEHTS

4.

Wähle einen **Zierstich** deiner Nähmaschine **aus** (oder verwende einen **Zickzackstich** mit Stichlänge 3,0 mm, Stichbreite 4,0 mm). **Nähe** entlang der Kordel alles zusammen.

5.

Lege die Papierschnitte auf die Stoffe und **stecke** sie fest (achte bei dem größeren Papierschnitt auf den **Stoffbruch**). **Zeichne** sie mit einem Bleistift rundherum ab. **Nimm** die Papierschnitte wieder vom Stoff und **schneide** ihn aus.

6.

Markiere auf dem großen Teil an der langen Kante gegenüber der Spitze die Mitte.

7.

Platziere das obere Ende des Lesezeichens auf der Spitze des Dreiecks auf der **rechten Stoffseite**. **Stecke** und **nähe** es **füßchenbreit** fest.

8.

Stecke und **nähe** die langen Dreieckskanten an die schrägen Kanten des großen Stoffstücks mit 1 cm Abstand zur Kante an.

9.

Falte die noch offene lange Seite (66 cm) auf die Hälfte (nutze deine Markierung, siehe Schritt 6), sodass sie **rechts auf rechts** liegt. **Stecke** die Kanten zusammen und **lass** dabei eine **Wendeöffnung** von 8 cm.

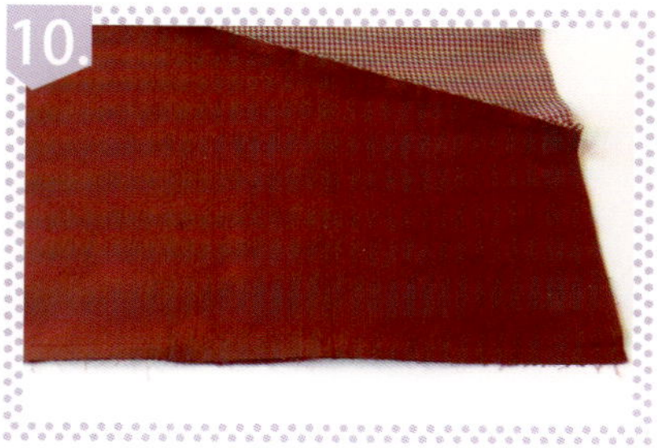

Nähe die Seite mit einem Kantenabstand von 1 cm zu.

Knipse die Nahtzugabe am Bruch ein und **bügel** sie anschließend auseinander.

Lege die kurzen Kanten aufeinander und **nähe** auch diese Naht zusammen.

Wende die Kissenhülle durch die Öffnung auf die **rechte Seite**. **Fülle** sie zu drei Vierteln mit Styroporkügelchen. Dafür kannst du dir einen größeren Papiertrichter basteln. **Nähe** die Öffnung **knappkantig** zu.

Fädel die Kugel auf die Kordel auf. **Verknote** die Kordel am Ende fest und **schneide** das Kordelende kurz unter dem Knoten ab.

Wenn du das Ende der Kordel fest mit Klebeband umwickelst, lässt sich die Holzkugel spielend leicht durchfädeln.

Jeans-Schürze

Die hält nicht nur viel aus, sondern wird mit der Zeit sogar immer schöner.

MATERIAL

☐	Jeansstoff	54 cm lang und 78 cm breit
☐	Jeansstoff für die Tasche	20 cm lang und 20 cm breit
☐	Neon-Zierband	130 cm lang
☐	Stylefix®	130 cm lang
☐	Breites Baumwollband	130 cm lang

LOS GEHTS!

1.

Lege den Stoff längs in den Bruch. **Mach** an der kurzen Kante nach 13 cm eine Markierung, an der langen Kante bei 17 cm.

2.

Lege ein Lineal an und **verbinde** beide Punkte miteinander. **Schneide** die Ecke bei beiden Stofflagen entlang der Linie ab.

3.

Falte den Stoff wieder auf und **versäubere** ihn rundherum mit dem **Zickzackstich** (Stichlänge 3,0 mm, Stichbreite 5,0 mm).

4.

Miss und **zeichne** jeweils an der oberen und unteren Kante 4 cm ab. **Bügel** die Kanten auf die **linke Stoffseite** um. **Stecke** und **nähe** die umgebügelten Strecken entlang der versäuberten Kante fest.

5.

Miss und **zeichne** an den Seiten der Schürze 2 cm ab. **Bügel** die Kanten auf **links** um. **Stecke** und **nähe** die umgebügelten Seiten entlang der versäuberten Kante fest.

6.

Miss und **zeichne** an den schrägen Seiten der Schürze 5 cm ab. **Bügel** die Kanten auf **links** um. **Stecke** und **nähe** die umgebügelten Seiten entlang der versäuberten Kante fest.

7.

Stecke das Zierband mittig auf das breite Baumwollband. **Nähe** es mit einem **Zickzackstich** (Stichlänge 1,5 mm, Stichbreite 3,0 mm) darauf fest. **Stylefix®** hilft dir dabei.

8.

Versäubere den Stoff für die Tasche rundherum mit dem **Zickzackstich** (Stichlänge 3,0 mm, Stichbreite 5,0 mm). **Miss** und **zeichne** von der oberen Kante der Tasche 2 cm ab. **Bügel** die Kante auf **links** um.

9.

Schneide 20 cm von deinem genähten Band ab. **Stecke** und **nähe** es mit etwas Abstand entlang der oberen Kante auf die Tasche.

schnipp

10.

Bügel die restlichen 3 Kanten der Tasche 1 cm nach innen um. **Stecke** und **nähe** die umgebügelten Seiten entlang der versäuberten Kante fest.

11.

Probiere aus, wo die Tasche auf der Schürze sitzen soll. **Stecke** und **nähe** sie entlang der drei umgenähten Kanten **knappkantig** auf.

12.

Die offenen Enden des Bands **faltest** du doppelt um und **nähst** sie fest.

13.

Ziehe mithilfe einer Sicherheitsnadel das Band durch die schrägen **Tunnel**. Und dann probierst du die Schürze gleich mal an!

Jeansstoff gibt beim Waschen immer etwas Farbe ab. Zieh das lange Band deshalb vorher heraus, sonst färbt es ein.

Loop (Rundschal)

Du hast schon einen? Dann brauchst du noch einen!
Hier kannst du sogar Kopfhörer und MP3-Player verstauen.

MATERIAL

☐ Gestreifter Jerseystoff	30 cm lang und 140 cm breit
☐ Bedruckter Baumwollstoff	30 cm lang und 140 cm breit
☐ Bügelvlies H200 als Einlage	12 cm lang und 17 cm breit
☐ Baumwollstoff für die Tasche	12 cm lang und 34 cm breit
☐ Bügelbild	1 Stück
☐ Silberne Öse	Durchmesser 11 bis 14 mm
☐ Color-Snap	Durchmesser etwa 12,5 mm

LOS GEHTS!

1.

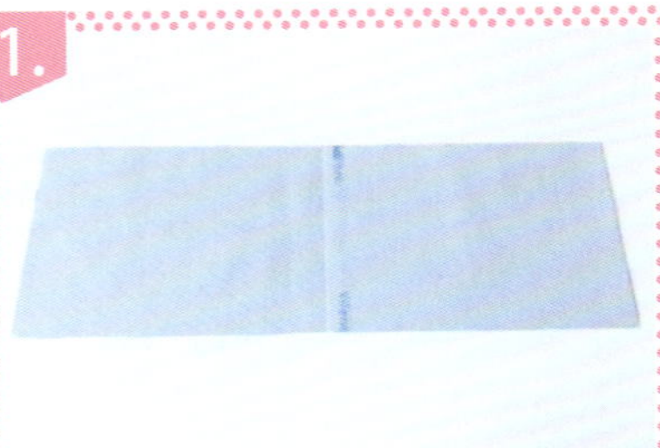

Klebe das Vlies laut Herstelleranleitung auf die **linke Seite** des Baumwollstoffs für die Tasche.

2.

Falte den Baumwollstoff, mit der **rechten Stoffseite** innen, auf die Hälfte. **Stecke** und **nähe** den Taschenbeutel entlang der beiden langen Seiten.

3.

Wende den Stoff durch die untere Kante wieder auf die **rechte Seite** und **bügel** ihn flach.

WEITER GEHTS

4.

Markiere in der Mitte, im Abstand von etwa 4 cm zur unteren Kante, die Position für die **Öse**. **Bringe** diese laut Herstelleranleitung an.

5.

Markiere in der Mitte, im Abstand von ca 1,5 cm zur oberen Kante, die Position für das Oberteil des **Color-Snaps**. **Bringe** dieses laut Herstelleranleitung an.

6.

Klebe das Bügelbild laut Hersteller-anleitung auf die Vorderseite der Tasche.

7.

Breite den festeren langen Stoff mit der **rechten Seite** nach oben auf dem Tisch aus. **Lege** die Tasche an eine der langen Stoff-kanten an. **Übertrage** die Position des Color-Snaps auf das lange Stoffstück.

8.

Klebe an dieser Stelle das Klebe-vlies auf die **linke Stoffseite**.

9.

Befestige das Unterteil des Color-Snaps auf der Markierung.

Schließe den Color-Snap. **Stecke** die Tasche an den langen Seiten auf den Stoff. **Nähe** sie **knappkantig** fest.

Lege die beiden großen Stoffe **rechts auf rechts** aufeinander. **Stecke** und **nähe** die beiden langen Stoffkanten zusammen.

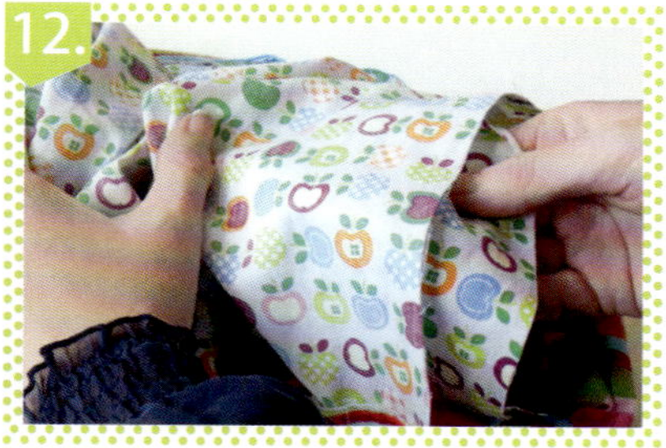

Ziehe eine offene Kante bis zur anderen offenen Kante durch den **Tunnel**, bis sich beide Kanten treffen.

FÜR DICH

Stecke und **nähe** entlang der Kante die jeweils gleichen Stoffe aufeinander. Lass dabei eine **Wendeöffnung** von etwa 10 cm.

Wende den Loop durch die **Öffnung** auf die **rechte Seite**. **Stecke** und **nähe** die Wendeöffnung **knappkantig** zu.

Wenn du es dir zutraust, kannst du an die Kante auch eine lustige Bommelborte nähen!

Wende-Beanie

Bei so viel toller Auswahl an Stoffen:
Wie soll man sich da denn entscheiden?

MATERIAL

TÜRKIS-GRAUE MÜTZE MIT STERNEN

- [ ] Grauer Sweatstoff — etwa 35 cm lang und 60 cm breit
- [ ] Sternen-Jersey — etwa 35 cm lang und 60 cm breit
- [ ] Türkisfarbener Jersey — etwa 12 cm lang und breit
- [ ] Volumenvlies H640 — etwa 12 cm lang und breit
- [ ] **Schnittmuster „Wende-Beanie" und „Stern" vom Schnittmusterbogen**

LOS GEHTS!

1.

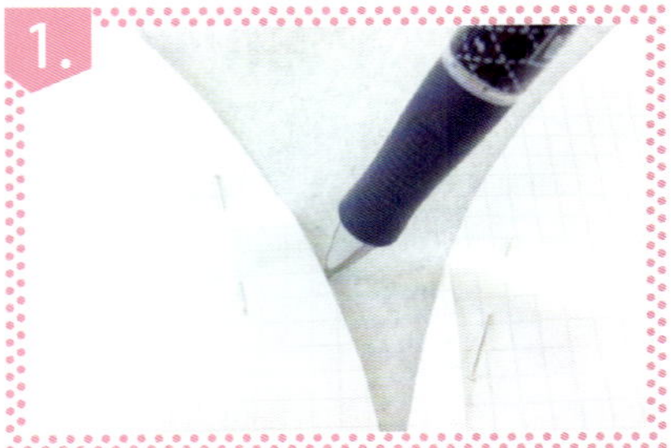

Kopiere die Schnittmuster auf Papier, **schneide** sie aus. **Falte** den Stoff längs mit der **rechten Seite** nach innen auf die Hälfte. **Stecke** den Papierschnitt „Wende-Beanie" am **Bruch** fest, **zeichne** die Umrisse auf die **linke Stoffseite**.

2.

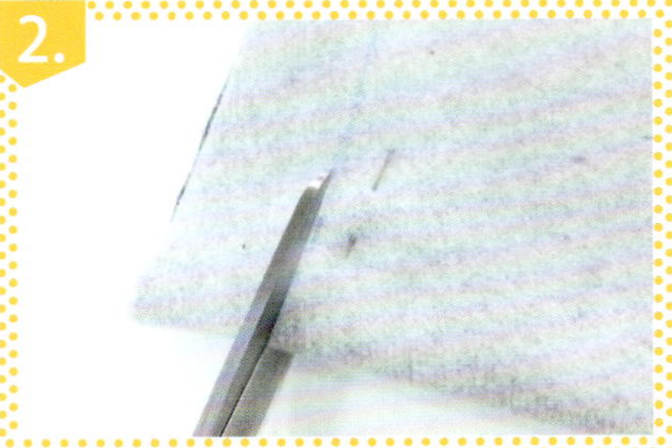

Nimm den Papierschnitt wieder ab und **positioniere** die Stecknadeln wieder an der gleichen Stelle im Stoff. **Schneide** alles aus.

3.

Wiederhole Schritt 1 und 2 mit dem zweiten Stoff.

WEITER GEHTS

4.

Beklebe die **linke Seite** des kleinen Stoffs laut Herstelleranleitung mit der Einlage und **übertrage** den Stern-Papierschnitt mit einem Bleistift auf die Papierseite. **Schneide** den Stern aus und **ziehe** das Papier vorsichtig ab.

5.

Lege den Stern, mit der Klebeseite nach unten, unterhalb der zweiten Spitze auf das einfarbige Stoffstück und **bügel** ihn auf den Stoff. **Achte** darauf, dass der Stern nicht zu nah am Rand liegt.

6.

Falte das beklebte Teil wieder **rechts auf rechts**. **Stecke** und **nähe** die lange Kante bis zur ersten Spitze zu.

7.

Stecke und **nähe** nun auf der anderen Seite die kurze Kante bis zum Stoffbruch zu. **Bügel** die **Nahtzugaben** glatt auseinander.

8.

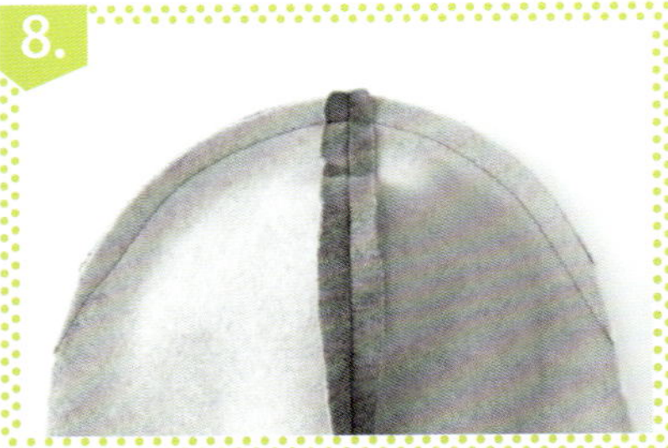

Stecke die beiden noch offenen Kanten zusammen. **Achte** darauf, dass die Enden der Nahtzugaben dabei aufeinander treffen. **Nähe** die Kante zu.

9.

Wiederhole die Schritte 6 bis 9 mit dem zweiten Stoff, aber **lass** an der Längskante eine **Wendeöffnung** von etwa 8 cm.

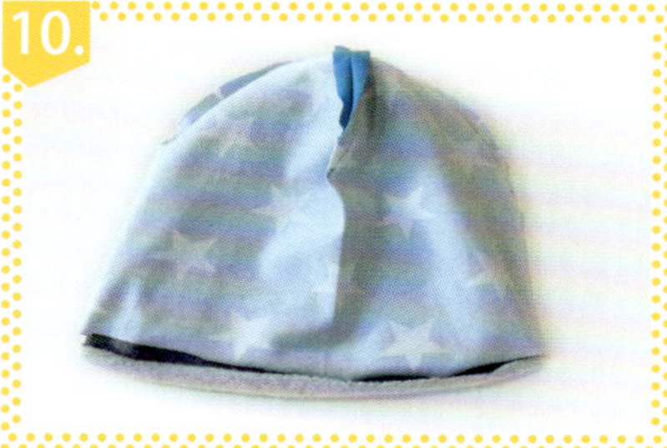

10.

Lege beide Mützenteile **rechts auf rechts** an der unteren noch offenen Kante zusammen. **Achte** darauf, dass sich die **Nahtzugaben** treffen.

11

Stecke und **nähe** entlang der Kante die beiden Mützenteile zusammen. Es geht leichter, wenn du auf der Innenseite nähst!

12.

Wende alles durch die Öffnung auf die **rechte Seite**.

13.

Schließe die Wendeöffnung mit **Blindstich** von Hand.

So näht sich Jersey leichter: Fange etwa 2 cm von der Kante an und nähe erst ein paar Stiche rückwärts. Dann mit Schwung vorwärts. Du verwendest die folgende Sticheinstellung: Stichlänge 2,5 bis 3,0 mm (für Teddy-Jersey 3,5 mm), Stichbreite 0,5 mm.

Nackenkissen

Lege doch mal 'ne Pause ein! Aber pass auf, dass dir dein Hund dieses tolle Kissen, das ein bisschen aussieht wie ein Knochen, nicht wegschnappt!

MATERIAL

☐ Bedruckter Baumwollstoff, Muster 1	etwa 30 cm lang und 60 cm breit
☐ Bedruckter Baumwollstoff, Muster 2	etwa 30 cm lang und 60 cm breit
☐ Nickistoff	etwa 30 cm lang und 60 cm breit
☐ Füllwatte	etwa 2 Liter
☐ **Schnittmuster „Nackenkissen" vom Schnittmusterbogen**	

LOS GEHTS!

1.

Kopiere das Schnittmuster vom Bogen auf Papier. **Übertrage** den Umriss mit einem Bleistift oder einem Kreidestift auf die **linke Stoffseite** aller drei Stoffe.

2.

Vergiss dabei die **Markierungen** links und rechts nicht. **Schneide** alles aus.

3.

Lege die beiden ersten Schnittteile **rechts auf rechts**. **Stecke** und **nähe** (Stichlänge 3,0 mm) beide von Markierung zu Markierung mit einem Abstand von 1 cm zur Kante an einer Seite zusammen.

4.

Füge das dritte Schnittteil so zwischen die beiden anderen, dass jeweils eine Seite mit einer der anderen zwei Stoffteile **rechts auf rechts** aufeinander liegt. **Stecke** und **nähe** diese beiden Seiten an. **Lass** an einer der langen Seiten eine **Wendeöffnung** von 5 cm.

5.

Schneide an den Stellen, wo sich alle Teile an deiner Markierung treffen, ein kleines V aus. An den Rundungen kannst du die **Nahtzugabe** mit der Schere etwas **kürzen**.

6.

Wende das Kissen durch die Öffnung auf die **rechte Seite** und **fülle** es mit Füllwatte. **Schließe** die Wendeöffnung von Hand mit **Blindstich**.

Für ein kuschlig warmes Kissen kannst du es auch mit Dinkel füllen. Frag deine Mama, ob sie es für dich im Ofen etwas anwärmt!

Pulswärmer

Weil sie soooo cool sind, halten sie mollig warm!

MATERIAL

☐ Woll-Fleece	16 cm lang und 55 cm breit
☐ Bommelborte	2 Stück, beide 15 cm lang
☐ Webborte	2 Stück, beide 15 cm lang
☐ Häkelblumen	2 Stück
☐ Stylefix®	4 Stück, alle 15 cm lang

ARMSTULPEN

☐ Woll-Fleece	25 cm lang und 55 cm breit
☐ Bommelborte	2 Stück, beide 15 cm lang
☐ Webborte	30 cm lang
☐ Bügelbilder	2 Stück
☐ Stylefix®	2 Stück, beide 15 cm lang

LOS GEHTS!

1.

Falte den Stoff so, dass links und rechts ein **Stoffbruch** liegt. **Lege** deine Hand wie auf dem Bild auf den Stoff. **Zeichne** die Konturen entlang des Daumens nach.

2.

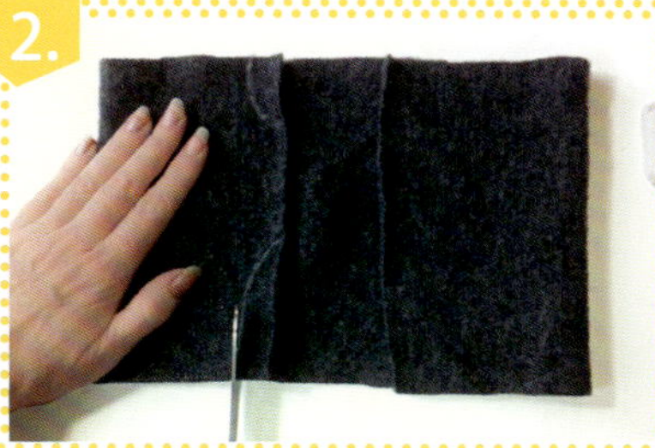

Schneide den Stoff entlang der Markierung aus. Dann schneide ihn in der Mitte senkrecht durch.

3.

Lege das ausgeschnittene Teil auf die andere Hälfte deines Stoffes. **Halte** ihn gut fest und **schneide** an der Kante entlang.

WEITER GEHTS

4.

Falte den Stoff auf. **Stecke** und **nähe** die Zierborte an die obere Kante. Am besten nimmst du **Stylefix®** zu Hilfe und nähst die Borte an den Kanten mit einem **Zickzackstich** (Stichlänge 2,0 mm, Stichbreite 3,0 mm) auf.

5.

Stecke und **nähe** die Bommelborte an die untere Kante. Auch hier kannst du einen **Zickzackstich** (Stichlänge 2,0 mm, Stichbreite 3,0 mm) verwenden.

6.

Klappe die Pulswärmer so, dass die **rechte Seite** innen liegt. **Stecke** und **nähe** entlang der geschnittenen Kante, lass dabei eine Öffnung für den Daumen offen.

7.

Bügel die Naht auseinander, sodass dein Daumen gut durch die Öffnung passt.

8.

Probier die Pulswärmer an und schau, wo Bügelbild oder Häkelblumen am besten hinpassen. **Stecke** und **nähe** die Blumen von Hand auf. Die Bügelbilder **bringst** du laut Herstelleranleitung an.

Vorsicht, Woll-Fleece mag kein Bügeleisen. Lege ein Tuch zwischen Stoff und Bügeleisen.

Dein Lieblingsrock

Dieser Rock sieht zu allen Shirts super aus! Und weil er so leicht zu nähen ist, kannst du gleich mehrere machen, passend zu all deinen Lieblings-Shirts oder -Pullis.

MATERIAL

☐ Bedruckter Baumwollstoff	etwa 120 cm lang und 60 cm breit
☐ Gummiband	2 cm breit, Länge passend zu deinem Taillenumfang

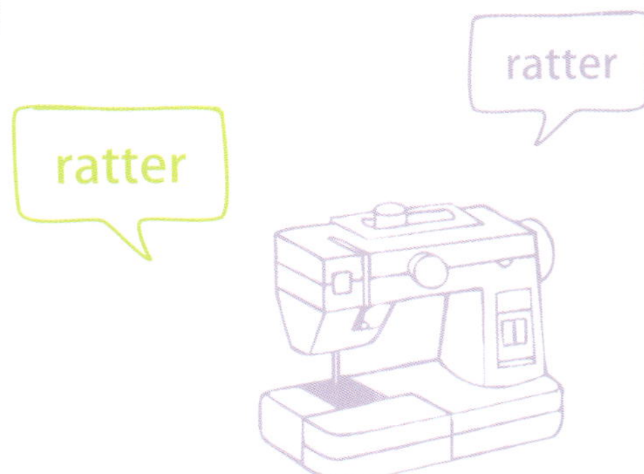

LOS GEHTS!

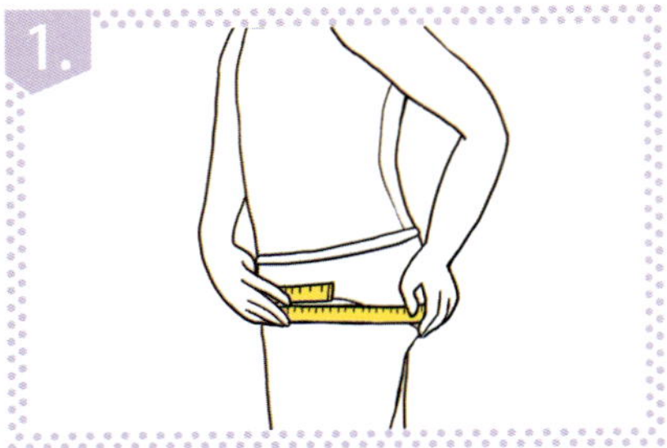

Wickel ein Maßband um deine Hüften, sodass es wie auf dem Bild über dem Po liegt. **Notiere** das Hüftmaß.

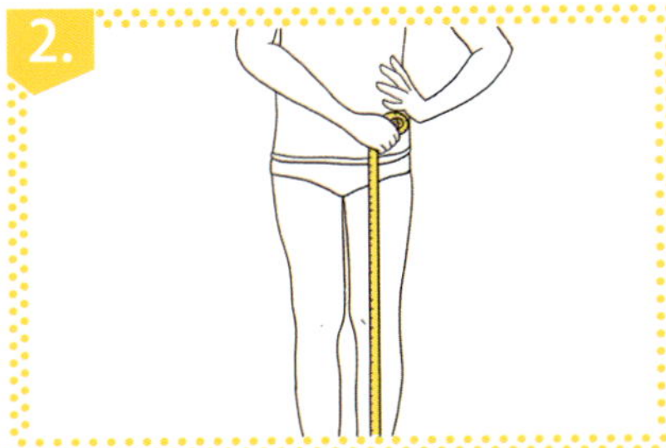

Halte das Maßband jetzt vor deinen Bauch und miss bis zu der Länge, die du gerne für deinen Rock haben möchtest. **Notiere** auch dieses Längenmaß.

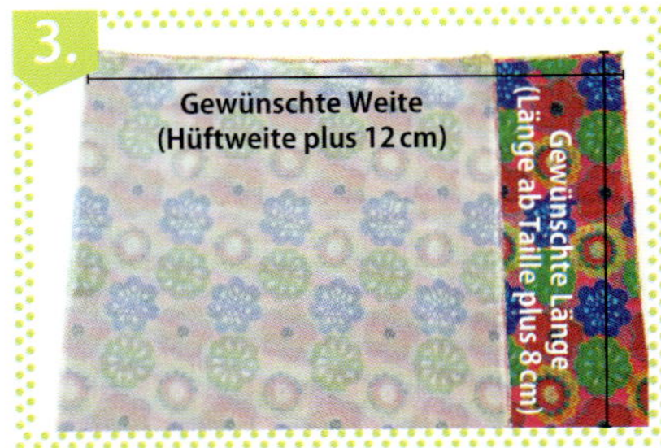

Schreibe beide Maße auf. Zum Hüftmaß addierst du etwa 12 cm, zum Längenmaß etwa 8 cm. **Schneide** nach diesen Maßen den Stoff rechteckig zu.

Versäubere alle Kanten mit dem **Zickzackstich**. **Lege** den Stoff **rechts auf rechts** zusammen.

Stecke und **nähe** die Seitennaht zusammen.

Bügel die **Nahtzugaben** glatt auseinander.

7.

Bügel den Stoff an der oberen Kante 3,5 cm nach innen um.

8.

Stecke und **nähe** den so entstandenen **Tunnel** zu, **lass** dabei eine Öffnung von etwa 5 cm für den Gummizug.

9.

Bügel an der unteren Kante den Stoff 2 cm nach innen um. **Stecke** und **nähe** den so entstandenen Saum fest.

10.

Ziehe das Gummiband mithilfe einer Sicherheitsnadel durch den **Tunnel**. **Lass** dabei beide Enden an der Öffnung etwas überstehen. Vorsicht, dass es sich nicht verdreht!

11.

Lege die beiden Enden des Gummibands flach aufeinander und nähe sie fest zusammen. Du kannst dafür mehrmals hin und her nähen.

12.

Nähe am Schluss die Öffnung zu und schlüpf am besten gleich rein in deinen neuen Lieblingsrock!

Schlafmaske für Mama und Papa

Nicht nur zum Muttertag eine super Idee: eine Schlafmaske zur Entspannung. Kombiniere sie doch gleich mit einem passenden Nackenkissen!

Je bunter der Stoff, desto farbiger die Träume!

MATERIAL

☐ Wollfilz in verschiedenen Farben	DIN A4
☐ Bedruckter Baumwollstoff	12 cm lang und 25 cm breit
☐ Wollfilz in verschiedenen Farben	Reste
☐ Klebevlies H200 als Einlage	12 cm lang und 25 cm breit
☐ Schmuck-Gummiband in verschiedenen Farben	etwa 35 cm
☐ Textilkleber	
☐ Getrockneter Lavendel	etwa 3 – 4 Esslöffel

☐ **Schnittmuster „Schlafmaske" und „Wimpern" vom Schnittmusterbogen**

LOS GEHTS!

1.

Klebe die **Einlage** auf die **linke Stoffseite**. **Kopiere** die Schlafmaske vom Schnittmusterbogen auf Papier und **übertrage** die Umrisse mit einem Bleistift auf die linke Stoffseite. **Achte** auf die Markierungen links und rechts.

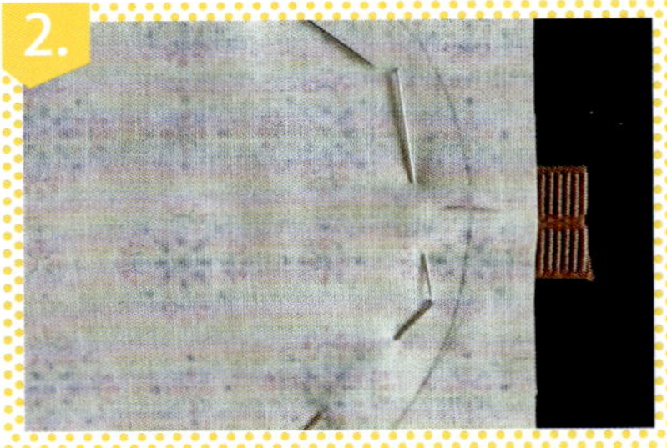

2.

Wiederhole dasselbe mit dem Filz und **lege** Stoff- und Filzteil aufeinander. **Platziere** die Enden des Gummibands an den seitlichen Markierungen zwischen Stoff und Filz.

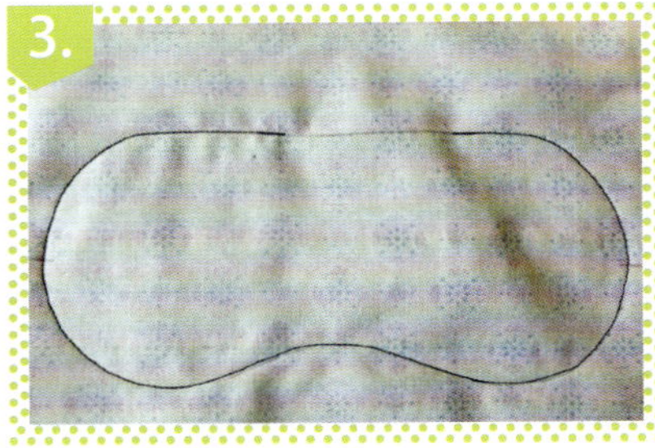

3.

Markiere dir am oberen Rand der Maske eine Wendeöffnung von etwa 5 cm. **Nähe** bis auf die Öffnung entlang der Linie alles zusammen. **Schneide** die Maske aus und die **Nahtzugaben** an den Rundungen etwas mit der Schere ein.

4.

Wende die Schlafmaske durch die Öffnung auf die **rechte Seite** und **fülle** sie durch die Öffnung mit dem getrockneten Lavendel. **Nähe** die Maske rundherum **knappkantig** zu.

5.

Schneide aus den Filzresten nach der Schnittvorlage Wimpern aus. Für den Schnabel der Eule schneidest du einfach ein kleines Dreieck. **Klebe** die Teile mit einem Textilkleber auf die Maske.

Den Lavendelduft kannst du wieder auffrischen, indem du die Maske ab und zu ein wenig knetest.

Ein Muff für deine Schwester

So kann der Winter kommen! Damit verschwinden kalte Hände garantiert auf Nimmerwiedersehen.

MATERIAL

☐ Beschichteter Baumwollstoff	24 cm lang und 40 cm breit
☐ Baumwoll-Teddystoff	28 cm lang und 40 cm breit
☐ Watteline H640 als Einlage	28 cm lang und 40 cm breit
☐ Kordel	etwa 140 cm lang

LOS GEHTS!

1.

Beklebe die Rückseite des Teddystoffs laut Herstelleranleitung mit der Einlage. **Lege** die beiden Stoffe **rechts auf rechts** aufeinander. **Stecke** und **nähe** eine lange Seite mit 1 cm Abstand zur Kante zusammen. **Nähe** die gegenüberliegende Seite genau so. **Wundere** dich nicht, wenn der Stoff Falten schlägt!

2.

Ziehe die eine Kante bis zur anderen Kante durch den Tunnel.

3.

Stecke und **nähe** entlang der Kante die jeweils gleichen Stoffe aufeinander. Lass dabei eine **Wendeöffnung** von etwa 8 cm im Teddy-Stoff.

4.

Wende den Muff durch die Öffnung **auf die rechte Seite**. **Stecke** und **nähe** die Öffnung **knappkantig** zu. **Wende** den Teddy-Stoff nach innen und **streiche** den Stoff flach. Der Teddy-Stoff sollte an beiden Seiten gleichmäßig hervorschauen. **Ziehe** die Kordel durch den Muff und **knote** die Enden fest zusammen.

Lunchbag

Mach mal Pause! Und weil das zu zweit viel lustiger ist, lade doch deinen Bruder, deine Schwester oder einen Freund dazu ein!

MATERIAL

LUNCHBAG MIT BLAUEN STERNEN

☐	Klettband	etwa 12 cm lang
☐	Beschichteter Baumwollstoff	2 Stück, beide 23 cm lang und 33 cm breit
☐	Beschichteter Baumwollstoff als Innenfutter	2 Stück, beide 23 cm lang und 33 cm breit

LOS GEHTS!

1.

Stecke den angerauten Teil des Klettbands im Abstand von etwa 8 cm zur oberen Kante mittig auf einen der Stoffe, die später außen sind. Den weichen Teil im Abstand von etwa 6 cm auf das andere Stoffstück für außen.

2.

Nähe im **Zickzackstich** (z. B. Stichlänge 3,0 mm, Stichbreite 3,0 mm) das Klettband rundherum auf.

3.

Lege je zwei identische Stoffe **rechts auf rechts** aufeinander. **Stecke** und **nähe** die Teile an den langen Seiten und der unteren Kante zusammen.

WEITER GEHTS

4.

Lege das Geodreieck am Nullpunkt an der Ecke auf die Naht. **Miss** auf jeder Seite von dort 2 cm ab und **zeichne** eine Linie.

5.

Stecke und **nähe** die Ecke entlang der Linie quer zusammen. Dasselbe mach mit den restlichen drei Ecken der beiden Beutel.

6.

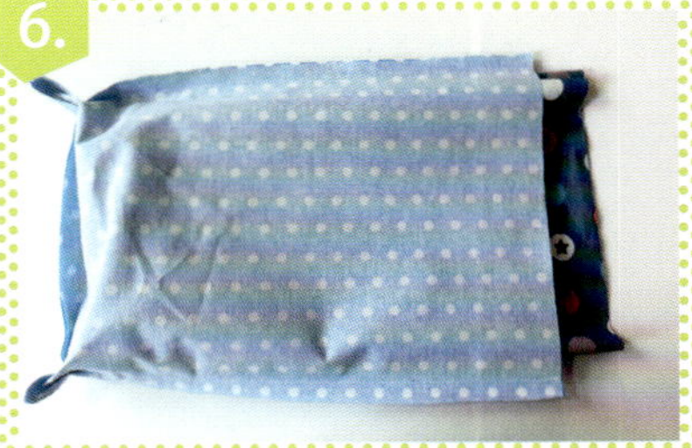

Lege die oberen Kanten der beiden Beutel **rechts auf rechts** aufeinander.

7.

Stecke und **nähe** beide Kanten rundherum zusammen. **Lass** dabei eine **Wendeöffnung** von etwa 6 cm.

8.

Wende vorsichtig alles durch die Öffnung auf **die rechte Seite**. **Stecke** und **nähe** die obere Kante **knappkantig** ab. Jetzt fehlt nur noch ein leckeres Sandwich!

Du kannst das Lunchbag noch mit Borten oder auch Stickern verzieren.

Hundeknochen

… schließlich gehört dein Hund ja auch zur Familie!

MATERIAL

☐ Bedruckter festerer Baumwollstoff	30 cm lang und breit
☐ Bügelvlies H200 als Einlage	30 cm lang und breit
☐ Füllwatte	etwa 2 Liter

☐ **Schnittmuster „Hundeknochen" vom Schnittmusterbogen**

BASSETT HOUND
HOUND

LOS GEHTS!

1.

Klebe die Bügeleinlage auf die **linke Stoffseite**. **Kopiere** den Knochen aus dem Schnittmusterbogen auf Papier. **Falte** den Stoff auf 15 x 30 cm, sodass die **rechte Seite** innen liegt. **Stecke** den Papierschnitt darauf und **übertrage** die Umrisse auf den Stoff.

2.

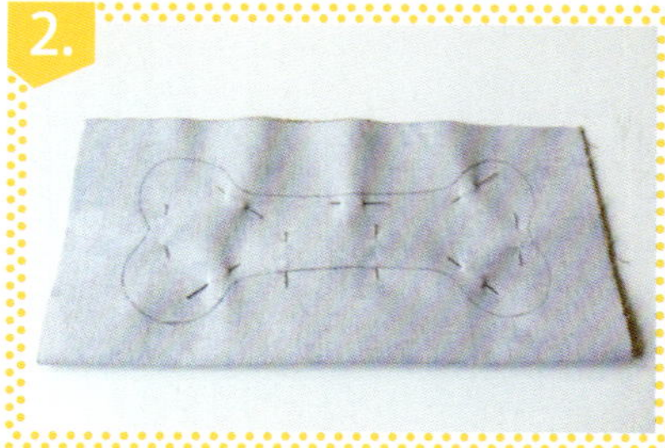

Nimm den Papierschnitt vom Stoff und **stecke** die beiden Teile mit 1 cm Abstand zur Linie entlang der Kante zusammen. **Markiere** eine etwa 5 cm breite **Wendeöffnung** in der Mitte des Knochens.

3.

Nähe die Stoffteile entlang deiner Markierung zusammen. **Denk** daran, die **Wendeöffnung** frei zu lassen!

4.

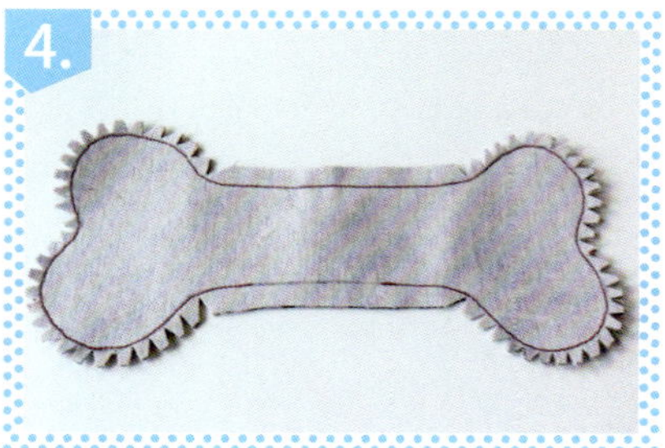

Schneide den Knochen aus. **Schneide** die Nahtzugaben an den Rundungen etwas kürzer oder zur Naht hin ein (geht prima mit der Zackenschere). **Wende** den Knochen durch die Öffnung auf die **rechte Seite**.

5.

Mit einem Essstäbchen aus der Küche oder einer dicken Stricknadel kannst du die Ränder gut **ausformen**.

6.

Fülle den Knochen ordentlich mit Füllwatte, bis du die Öffnung mit Daumen und Zeigefinger bequem zuhalten kannst. **Nähe** die Öffnung **knappkantig** zu.

Für noch mehr Spaß kannst du vor dem Zunähen ein Glöckchen in den Knochen stecken.

Strandbeutel

Bikini, Sonnencreme, Badehandtuch? Alles schnell eingepackt und ab zum Strand!

MATERIAL

☐	Beschichteter gestreifter Baumwollstoff	60 cm lang und 82 cm breit
☐	Beschichteter gestreifter Baumwollstoff (für die Schlaufe)	10 cm lang und breit
☐	Beschichteter Baumwollstoff (für den Boden)	30 cm lang und breit
☐	Ösen	9 Stück mit 24 mm Durchmesser
☐	Karabiner	1 Stück
☐	dicke Kordel	etwa 170 cm lang
☐	Webborten	2 Stück, beide 85 cm lang
☐	Bügelmotive	
☐	**Schnittmuster „Strandbeutel" vom Schnittmusterbogen**	

LOS GEHTS!

1.

Lege den Stoff für den Boden in den **Stoffbruch**. Lege das Schnittteil „Strandbeutel" mit der geraden Seite an den Stoffbruch, **zeichne** die Rundung nach und **schneide** aus.

2.

Falte den Stoff für die Schlaufe **links auf links**. **Stecke** und **nähe** jeweils die beiden gegenüberliegenden Kanten zu, die Seite gegenüber des Bruchs bleibt offen.

3.

Wende den Stoff durch die offene Seite und **bügel** die Schlaufe flach.

WEITER GEHTS

4. **Nimm** den großen Stoff. **Zeichne** eine Linie im Abstand von 8 cm zur oberen Kante auf die **linke Stoffseite**. Schlage die **linke Seite** des Stoffs nach außen um.

5. **Stecke** und **nähe** an die umgebügelte Kante (Bruch) eine der Borten auf. Da beide Borten **knappkantig** aufgenäht werden, verwende **Stylefix**®, dann geht es leichter.

6. **Lege** das Ende des Karabinerhakens um ein etwa 2 x 6 cm breites Stück Stoff, z. B. ein Webetikett. **Stecke** und **nähe** es an der offenen Kante fest.

7. **Nimm** nun den Stoff für die Schlaufe. **Stecke** und **nähe** ihn etwa 4 cm von der unteren Kante entfernt an eine der langen Seiten.

8. **Bringe** die Bügelmotive laut Herstelleranleitung auf dem Stoff an.

9. **Lege** und **stecke** die beiden Seitenkanten aufeinander und **nähe** sie zusammen.

10.

Die offenen Kanten der Naht **versäuberst** du mit einem **Zick-zack-Stich** (Stichlänge 3,5 mm, Stichbreite 5,0 mm).

11.

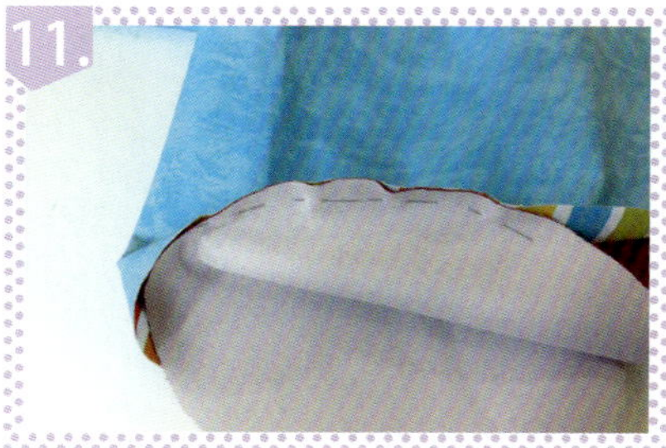

Wende den Sack, sodass die **rechte Seite** innen ist. **Stecke** und **nähe** entlang der unteren Kante des Beutels den Boden an. Näh am besten auf dem Boden, das geht einfacher.

12.

Dein Beutel ist fast fertig: **Wende** den Stoff auf die **rechte Seite** und **markiere** in der Mitte der Schlaufe die Positionen für eine Öse. **Bringe** die Öse laut Herstelleranleitung an.

13.

Miss 4 cm vom oberen Rand und **markiere** auf dieser Linie die Positionen für die Ösen, die erste etwa 5 cm von der Naht, dann im Abstand von 10 cm. Bringe die Ösen laut Herstelleranleitung an. **Fädel** die Kordel hindurch und **knote** die Enden zusammen.

Da der Stoff sehr dick und fest ist, frag einen Erwachsenen, ob er dir bei den Ösen helfen kann.

Freundschaftsarmbänder

Tolle Armbänder kann man nie genug haben –
genau wie gute Freunde!

MATERIAL

- [ ] Lederimitat — 20 cm lang und 2 cm breit
- [ ] Webborte — etwa 24 cm lang und 1 cm breit
- [ ] Stylefix® — etwa 24 cm lang
- [ ] Kam-Snaps in Rot — 1 Oberteil, 2 Unterteile

LOS GEHTS!

1.

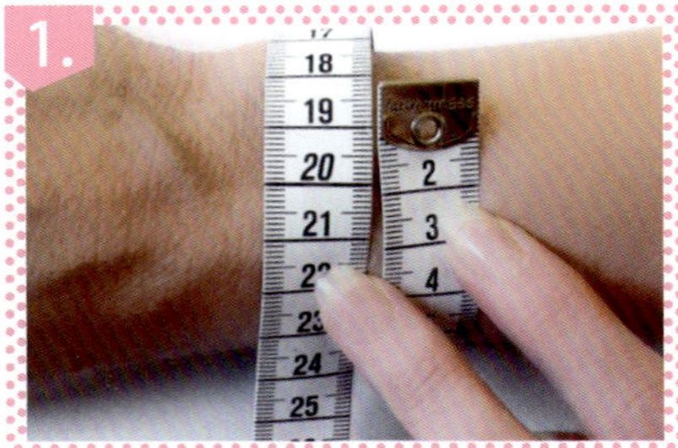

Miss deinen Armumfang am Handgelenk oder dort, wo du das Armband tragen möchtest. **Zähle** etwa 3 cm dazu.

2.

Schneide das Lederband zurecht. Besonders toll wird es mit der **Zackenschere**. **Falte** die Webborte an einem Ende zweimal etwa 1 cm um. **Stecke** und **nähe** den Umschlag fest.

3.

Lege die Webborte mit der **rechten Seite** so auf die Rückseite des Leders, dass die offene Kante mit der Lederkante abschließt.

WEITER GEHTS

4.

Stecke und **nähe** die beiden Kanten zusammen.

5.

Schlage die Webborte auf die **rechte Seite** des Leders um.

6.

Stecke sie mittig darauf fest. Das genähte Ende der Webborte schlägst du um das andere Ende des Lederbands. Damit das Nähen leichter geht, verwende **Stylefix**®.

7.

Nähe die Webborte mit einem kleinen **Zickzackstich** (z. B. Stichlänge 1,5 mm, Stichbreite 3,0 mm) rundherum auf das Lederband.

8.

Bringe das erste Unterteil vom **Kam-Snap** etwa 1 cm vor der Kante auf der rechten Seite des Bands **an**. Das zweite Unterteil im Abstand von etwa 2 cm gleich daneben. Das Oberteil kommt genau so ans andere Ende des Bands auf die Rückseite. Schon ist das Freundschaftsarmband fertig zum Verschenken!

Du kannst die Armbänder auch doppelt so lang machen und zweimal ums Handgelenk wickeln. Mach für deine Freundin doch eins in der gleichen Farbe!

Schnipp

Schnapp

Vielseitiges Mäppchen

Schickes Accessoire gefällig? In dieser kleinen Tasche findet alles Platz, was du immer dabei haben willst.

MATERIAL

☐ Türkisfarbener beschichteter Baumwollstoff	28 cm lang und 54 cm breit
☐ Pinker beschichteter Baumwollstoff	28 cm lang und 54 cm breit (für innen)
☐ Watteline H640 als Einlage	28 cm lang und 54 cm breit
☐ Kam-Snaps in Rot	2 Stück
☐ Reh-Bügelbild	1 Stück
☐ **Schnittmuster „Mäppchen" vom Schnittmusterbogen**	

LOS GEHTS!

1.

Klebe die Einlage laut Herstelleranleitung auf die linke Stoffseite, die später innen ist. **Kopiere** das Schnittmuster vom Schnittmusterbogen auf Papier. **Lege** es so auf die Stoffe, dass die kürzere Kante auf dem **Stoffbruch** liegt. **Stecke** alles fest.

2.

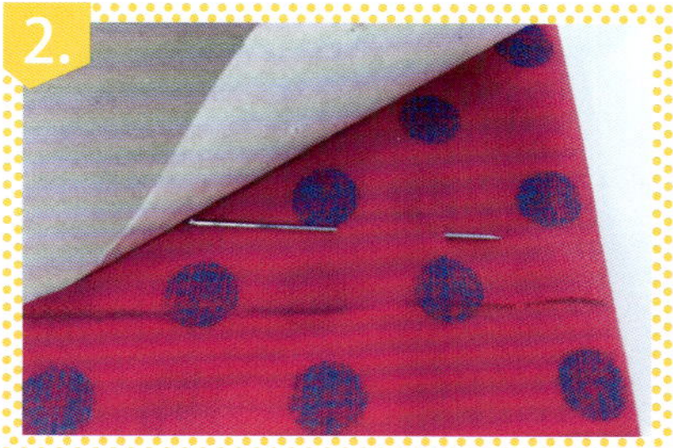

Zeichne den Umriss und die Markierung auf den Stoff. **Entferne** den Papierschnitt wieder und **stecke** die Stecknadeln zurück an die Stellen im Stoff.

3.

Schneide entlang der Linie die Schnittteile aus. **Lege** die beiden Stoffe **rechts auf rechts** aufeinander. **Stecke** und **nähe** die unteren Kanten zusammen.

WEITER GEHTS

4. **Falte** die Stoffe wieder um, sodass die **rechte Seite** außen ist. **Bügel** die genähte Kante flach.

5. **Steppe** die Kante **knappkantig** ab.

6. **Lege** die genähte Kante an die seitliche Markierung des Innenstoffs. **Stecke** sie dort fest. Der Außenstoff liegt dabei flach.

7. **Nimm** die gebogenen Kante des Außenstoffs und **lege** sie auf die gebogene Kante des Innenstoffs.

8. **Achte** darauf, dass auch hier (wie in Schritt 6) die seitliche Markierung auf der vorherigen liegt.

9. **Stecke** und **nähe** entlang der offenen Kante. **Lass** dabei in der oberen Kante eine **Wendeöffnung** von etwa 8 cm.

10.

Damit die Rundungen sich besser ausformen, **schneide** sie etwas ein. Dafür kannst Du eine Zackenschere verwenden. Vorsicht, nicht die Naht erwischen!

11.

Wende den Stoff durch die Öffnung auf die **rechte Seite**.

12.

Bügel die Kanten des Täschchens sorgfältig flach.

13.

Stecke und **nähe** den oberen Teil des Täschchens **knappkantig** ab. So verschließt du gleichzeitig unauffällig die **Wendeöffnung**.

14.

Positioniere das Bügelbild und **bügel** es auf. **Bringe** entsprechend der Markierungen die **Kam-Snaps** an. Fertig ist das Mäppchen!

Du kannst auch eine Kordelschlaufe mit in die Seitennaht einnähen, dann hast du eine tolle Handtasche!

Dreieckstuch

Ein Dreieckstuch pimpt gleich alle T-Shirts auf! Und weil es so leicht zu nähen ist und cool aussieht, kannst du gleich mehrere für dich und deine Freunde machen. Dreiecks-Yeah!

MATERIAL

- [ ] Bedruckter Baumwollstoff – 100 cm lang und 120 cm breit
- [ ] Türkis karierter Baumwollstoff – 22 cm lang und 120 cm breit
- [ ] Webborte mit Sternenmuster – etwa 125 cm lang
- [ ] Stylefix® – etwa 125 cm lang
- [ ] Bügelvlies H200 als Einlage – 10 cm lang und 70 cm breit
- [ ] Ösen – Durchmesser 14 mm, 4 Stück
- [ ] Karabiner aus Leichtmetall – 1 Stück

LOS GEHTS!

1.

Lege die beiden Stoffe längs mit der **rechten Seite** aufeinander. **Nähe** die Stoffe (Stichlänge 3,0 mm) 1 cm von der Kante zusammen. **Bügel** die **Nahtzugabe** auseinander.

2.

Nähe die Borte auf die Naht. **Klebe** sie vorher mit **Stylefix®** fest, dann geht das Nähen gleich viel leichter.

3.

Schneide die Einlage wie auf dem Bild L-förmig zurecht. **Breite** den Stoff flach, mit der **linken Seite** nach oben aus, **positioniere** die Einlage und **klebe** sie fest. Dort sitzen später die Ösen.

4.

Falte den Stoff Ecke auf Ecke mit der **linken Seite** nach außen zum Dreieck.

5.

Bevor du die Seiten mit einem Abstand von 1 cm zur Kante **zusammennähst** (Stichlänge 3,0 mm), markiere dir eine **Wendeöffnung** von etwa 10 cm.

6.

Schneide die Spitze an den Ecken etwas ab. **Wende** das Tuch durch die Öffnung auf die **rechte Seite** und **bügel** alle Kanten flach.

7.

Breite das Tuch aus. **Bringe** die Ösen laut Herstelleranleitung an den beiden gegenüberliegenden Zipfeln an und hänge den Karabiner ein. Um die Wendeöffnung zu schließen, **nähst** du die beiden kürzeren Ränder des Tuchs einmal **knappkantig** ab.

Tschüss!

Jetzt bist du schon am Ende des Buchs angekommen und hast bestimmt das eine oder andere Nähprojekt ausprobiert. Ich hoffe, du hattest Spaß dabei und ganz viele kreative Einfälle! Vielleicht hast du sogar Ideen gekriegt, was du noch alles nähen könntest. Denn eins kann ich dir versprechen: Wenn du einen wunderschönen Stoff entdeckst, kribbelt es dir bestimmt in den Fingerspitzen und du kriegst Lust, mal wieder so richtig an der Nähmaschine durchzustarten!

Großes Eichhörnchen-Ehrenwort!

Danke

Ich bedanke mich herzlich bei allen, die mich während des Schreibens unterstützt und motiviert haben. Meinem Mann Andreas, der mich nicht nur toll berät, sondern auch Nerven wie Drahtseile hat. Steffi, der guten Seele aus dem Atelyeah, die mir viel Arbeit rund ums Atelyeah abgenommen hat. Leni, unserer Praktikantin, die alle Projekte nachgenäht hat und natürlich Domenik, dem Fotografen, und all den Kindern aus dem Atelyeah für die tollen Bilder. Meinen lieben Freundinnen ein herzliches Dankeschön, dass ihr immer für mich da seid … und allen, die dieses Buch möglich gemacht haben.
Ich danke den Firmen Farbenmix (www.farbenmix.de), Lebenskleidung (www.lebenskleidung.com), Peppauf (www.peppauf.de), Swafing (www.swafing.de), Veno (veno.com) und Westfalenstoffe (www.westfalenstoffe.de) für die Unterstützung.

Über die Autorin

Für Michaela Drosten war das Handarbeiten schon von Kindheit an Passion. Sie hat bereits mit 7 Jahren ihren ersten Pulli gestrickt! Ihre Leidenschaft ist ihre Berufung. Michaela Drosten ist gelernte Schneiderin und Diplomingenieurin für Bekleidungstechnik mit Schwerpunkt Design. Als hundertprozentige Herzensangelegenheit hat sie 2012 das Atelyeah, die Kreativwerkstatt in Mönchengladbach, gegründet. Dort hilft sie Kindern und Erwachsenen bei der Umsetzung ihrer Kreativprojekte. Außerdem entwickelt sie immerzu neue kreative Ideen, die die Besucher in vielen Workshops im Atelyeah nacharbeiten können. In diesem Buch sind die besten Nähideen aus dem Atelyeah für dich versammelt, sodass du auch zu Hause so richtig die Nähmaschine rattern lassen kannst. Und falls du mal nach Mönchengladbach kommst, warum nicht dem Atelyeah und Michaela einen kleinen Besuch abstatten?

Hier findet man das Atelyeah im Internet:
www.atelyeah.info